艺术家系列

Klimt
克里姆特

〔意〕伊娃·斯特凡诺 著
罗伊伊 译

安徽美术出版社
全国百佳图书出版单位

目 录

世纪末的维也纳	1
早年的克里姆特	13
惹来众怒的画作	35
分离派时期	43
从《神圣之春》到维也纳艺术工坊	65
克里姆特的艺术信条	75
金色的诱惑	83
茱蒂斯和其他女性	91
双面缪斯女神	101
女性肖像	121
情色画作	137
他生命中的女人	149
风景画	161
寓意横饰带	179
"艺术展览场"和分离派危机	207
华丽风格	215
索引	243

世纪末的维也纳

"这般的宁静、亲切与动人,建立在中产阶级的谦逊之上,这就是我们的奥地利维也纳。"1900年,赫尔曼·巴尔(Hermann Bahr)在评价克里姆特的画作《弹钢琴的舒伯特II》(*Schubert al pianoforte II*)时这样写道,并肯定了这位艺术家的才能——他能将难以言说的"维也纳式"风格韵味浓缩在一幅画里。巴尔口中的这种"比德迈风格"(Biedermeier),与施尼茨勒(Schnitzler)笔下的舒适体面但命运堪悲的中产阶级生活是一致的,这是世纪末维也纳的主要意识形态的表现之一。世纪末的维也纳,曾被称作"一个太平的资本主义黄金时代",后期逐渐滑向了"欢愉的世界末日"里。这两种表述,前者是作家斯蒂芬·茨威格(Stefan Zweig)在回忆自己的青年时期时提出来的,后者则是由尖锐的批评家赫尔曼·布洛赫(Hermann Broch)创造的,它们特指的是1890年到第一次世界大战时期的维也纳社会。在那些年奥匈帝国看似平静的生活里,出现了人们对于有关末日的猜测。

1918年奥匈帝国解体,随之消失的还有那个超越民族界限的和谐大国理想。正如弗朗茨·韦尔弗(Franz Werfel)所描述的,这种混合的产物汇集了"蒂罗尔州的阿尔卑斯山、萨尔茨卡默古特的湖区、波希米亚的平缓地平线、卡尔索的粗野高原、亚得里亚海的繁盛区、维也纳的宫殿、萨里斯布尔格的教堂、布拉格的塔楼、普兹塔辽阔的大草原……噶尔巴齐高高的牧草、多瑙河的低地以及它所有流域的美景"。"我的人民",当时这位年长的皇帝弗兰茨·约瑟夫(Franz Joseph)所有的致辞都以这句话作为开场白,以展示在多瑙河畔建立的超越民族界限的制度。但事实上这个理想制度几乎已经被新兴觉醒的民族力量瓦解。

罗伯特·穆齐尔(Robert Musil)在作品《没有个性的人》(*L'uomo senza qualità*)中极具讽刺性地表现了帝国即将垮台,并借用了下面的这个传说:"那儿,在卡卡尼亚,那未被理解就已经消失了的国度,在很多事情上都是典范,但却不被欣赏。那儿也有速度,但不够快……追求奢侈,但不如法国般优雅;喜欢运动,但不如英国般狂热;在军队上花销巨大,但只能保持在列强之末。就连它的首都也比世界上其他的大都市小一些,但又比别的一般城市大一点儿。"

具备良好礼仪的文明调和了现代性棱角分明的冲击,构成了维也纳文化魅力的基本要素,但其文化强度使得一种在新文化发展饱和期才会产生的问题提前出现,所有矛盾同时存在,有时甚至还与疲乏的忧郁、麻木的享乐与审美的刺激交织在一起。

维也纳已是"昨日的世界",这个时代充斥着优雅的贵族和甜美的歌剧旋律,但同时也是犹太复国主义、反犹太主义、奥地利马克思主义和法西斯劳资合作的摇篮,更是重新定义现代主体性的先锋知识运动的杰出实验室。在维也纳,居住着弗洛伊德(Freud)、维特根斯坦(Wittgenstein)和马赫(Mach);在这里,语言的脆弱与心理活动的力量第一次被承认,并诞生了精神分析学派;在这里,穆齐尔创作了20世纪最伟大的小说之一;在这里,马勒(Mahler)谱出了他的交响曲,勋伯格(Schönberg)创造了十二音体系;在这里,阿道夫·路斯(Loos)重新定义了现代建筑,伟大的伦理学家克劳斯(Kraus)为反抗政治语言和日常新闻的含糊其词,花费40年出版自编杂志;在这里,霍夫曼斯塔尔(Hofmannsthal)描绘了"本我"的破碎,施尼茨勒表现了资产阶级体面之下的焦虑,在渐进的身份危机和自恋倾向中也暗示着新焦虑的种种

弹钢琴的舒伯特 II(1898—1899)
全图
局部,第9—10页
已损毁

管风琴演奏家（1885）
维也纳，奥地利美景宫美术馆

《弹钢琴的舒伯特 I》草图
（1896）

《弹钢琴的舒伯特 II》草图（1899）

爱丽舍宫的舞厅(1899)
沃尔夫德尔

街头喜剧艺人在罗滕堡广场的演出（约 1884—1892）
恩斯特·克里姆特和古斯塔夫·克里姆特

症状，一种生活在这个被大众化进程包围的时代的不安。

在现实生活和语言艺术方面，这个时期的艺术体验都被打上了"生活在一片满是裂痕的大地"的烙印。"毁灭世界的实验之地"，这是卡尔·克劳斯所作出的危言耸听的定义。

1908年，奥地利一位活跃的画家阿尔弗雷德·库宾（Alfred Kubin）在小说《另一侧》（L'altra parte）中，以超前于卡夫卡的方式描述了想象中的"珀尔城"：空荡的华丽宫殿底座已经腐朽，老鼠充斥着地下室，城市也注定倒塌。潜意识与反抗同时发生，在意识的沼泽里，强烈的原始恐惧与新生的鬼魂正重浮水面。

"那时人们生活安定，"后来柯克西卡（Kokoschka）写道，"尽管如此，所有人都充满恐惧。通过他们源于巴洛克风格的精致生活方式我仍能感受到这点，我将人们描画在他们自己的焦虑和恐惧之中。"约瑟夫·罗特（Joseph Roth）在《嘉布遣会修士的墓葬》（La cripta dei cappuccini）中也证实了这点："在我们傲慢饮酒之时，无形的死神已在酒杯上交叉着他瘦骨嶙峋的手……老皇帝弗兰茨·约瑟夫年老孤独、与人疏离，尽管他与我们息息相关——他生活在这里并统治着这广袤美好的帝国，大地上遍布着他的痕迹。也许在我们内心深处潜藏着某些预感，首当其冲的便是老皇帝的离世，时间每过一天他就向死亡迈进一步。和他一同死去的还有我们的君主制国家，不是我们的祖国，而是我们的帝国，它比单纯的祖国更广泛、更辽阔、更高贵的东西。"

罗特认为，在这个世界上人们对忧伤和欢愉的喜爱都同样轻率，即使是情色的享乐主义也有令人焦虑的一面，在无可非议、正大光明的外表之下已经构成了一种普遍的行为：这是"阿纳托尔"（Anatol）——施尼茨勒喜剧中主人公的时代，或是《轮舞》（Girotondo）中愤世而忧郁的角色们，那些梦幻虚无的爱情游戏的傀儡的时代。"女人，女人，永恒之神……"莱哈尔的音乐随之而来。这种看似从容的"求得解脱"心态深刻地体现着这个时期的特征，并往往演变成对情欲的沉迷。女人变成一种不可缺少的致命崇拜对象。那个时代对性唯恐避之不及，在弗洛伊德从神经学角度研究性起源理论的同时，一位年轻的维也纳犹太人——奥托·魏宁格（Otto Weininger）写下了一本狂妄的书《性别与性格》（Sesso e carattere），以女性的劣势地位作为他伪哲学分析的主题。

古斯塔夫·克里姆特（Gustav Klimt）是世纪末维也纳的顶尖画家，他比任何人都更懂得展现这个时代的狂热。爱欲的破坏力量、女性的色情优势、多变而难以捉摸的女

旧维也纳城堡剧院内景（1888）
维也纳，维也纳博物馆（位于卡尔广场）

欢乐颂（1902）▶
《贝多芬横饰带》第二面墙局部
维也纳，分离派会馆

性特征都是他作品的核心主题。但是克里姆特推翻了魏宁格的厌女论题：在那本论著中原本用来贬低女性的论据变成了对她们进行偶像崇拜的理由。无论是富含寓意的形象还是上流社会的女性肖像，那些神话中充满神秘感和诱惑的女性成了主角。

如果说这是一个审美绝对化、艺术充当最后玄学的时代，那么对克里姆特来说情欲与美学便是吻合的，比如在《贝多芬横饰带》(Fregio di Beethoven)中他对艺术与时代的赞颂。这不仅仅是选择画作主题的问题，更涉及个性化的装饰风格设计。装饰元素不再是一种空洞的形式，而是画面的主体结构，如同镶嵌画中构成元素的互补互动。就像心理分析学家表面上看似肤浅的语言中却隐藏着决定性反馈一样，在克里姆特的作品中一些微小的装饰元素也被赋予了深远的寓意。

从这个角度来看，如果把克里姆特的作品解读成面对"末日来临的奥地利"单纯听天由命的装饰画，似乎是有些局限了。在他的作品中所呈现出来的那些复杂而精致的线条与图形背后，夹杂着其复杂而沉重的情感，尽管这与预言相悖，但他还是试图通过绘画对这个世界进行象征性转换，展现其矛盾情结与逃避心理。

早年的克里姆特

古斯塔夫·克里姆特1862年7月14日出生于维也纳郊区。他的父亲来自波希米亚，是一位黄金雕刻匠。父亲的工作毋庸置疑对克里姆特日后艺术生涯的发展起着重要的启蒙作用。他的母亲希望成为歌剧演唱家，但未能如愿。古斯塔夫从母亲身上继承了对音乐强烈的热爱。古斯塔夫在家里的七个孩子中排行第二，他家的生活较为拮据，且在1873年后，由于维也纳世博会的失败而紧接发生的经济危机，导致他们的生活变得更为艰难。

1876年，他被奥地利工艺博物馆附属的艺术学校录取，该博物馆于1864年以维多利亚和阿尔贝特博物馆（Victoria and Albert Museum）为原型建成。克里姆特在该校就读到1883年，其间他掌握了很多不同的技艺，比如镶嵌画和金属加工，还了解了林林总总的不同年代和文化的装饰艺术——希腊陶瓷、埃及和亚述的浮雕艺术，甚至包括斯拉夫民间艺术。克里姆特还自学了调配色彩，他决定专攻绘画领域，先后受到费迪南德·劳夫贝尔格（Laufberger）与尤里乌斯·维克多·贝尔格（Berger）的指导。那时是历史主义的鼎盛时期，人们有意识地模仿过去的风格，因此克里姆特的学习范本变成了当时维也纳所有艺术爱好者的崇拜对象汉斯·马卡特（Makart）奢华炫彩的画作，以及优秀的学院派代表让·莱昂·热罗姆（Gérôme）和劳伦斯·阿尔玛－塔德玛（Alma-Tadema）的作品。很久之后，克里姆特才逐渐摆脱了这些艺术家给他带来的影响，但这依然与他早年的艺术创作历程密不可分。

1883年，古斯塔夫·克里姆特和弟弟恩斯特（Ernst，与克里姆特年纪相仿，英年早逝）以及同学弗朗茨·马奇（Franz Matsch）一起创立了一家艺术工作室，他们共享画室和顾客资源，委托他们画画的人也越来越多。

他们的生意很红火，因为当时帝国下达指令，要兴建和修缮各地的剧院，于是三位艺术家按照"马卡特风格"装饰了维也纳众宫殿、特兰斯瓦尼亚的贝勒斯卡皇家城堡、赫尔墨斯别墅的卧室（但性情反复无常的伊丽莎白皇后，即茜茜公主，从未在那留宿过），他们还为布加勒斯特（Bucarest）、卡尔斯拜德（Karlsbad）、阜姆（Fiume）以及瑞肯伯格（Reichenberg）的剧院工作。

1886年，他们的工作室接到了首单重要委托，即装饰维也纳的标志性建筑——新城堡剧院（Burgtheater）。该剧院位于玛丽亚·特蕾莎剧院旧址，由建筑师森佩尔（Semper）和哈森内尔（Hasenauer）负责修建。如果说此前克里姆特和他的同伴们

克里姆特在维也纳的故居

费迪南德·劳夫贝尔格的绘画班（1880）
* 前排从左至右分别是劳夫贝尔格、古斯塔夫·克里姆特及恩斯特·克里姆特，弗朗茨·马奇在第三排右侧。

牧歌（1884）
维也纳，维也纳博物馆（位于卡尔广场）

威尼斯人向卡特琳娜·科尔纳罗进贡（1872）
汉斯·马卡特
维也纳，奥地利美景宫美术馆

在浴室中（1881）
劳伦斯·阿尔玛－塔德玛

一直都是集体创作的模式，那么这一次他们之间则出现了明确的分工，还有了艺术风格以及内部地位上的差异。这份委托要求他们在入场的大厅里绘制有关剧院历史的场景画：恩斯特负责两幅，马奇负责三幅，而古斯塔夫承担了最繁重的任务——他要装饰大厅的两个拱顶和中央顶棚的三个巨大隔层。他为创作内容选定的主题有献给太阳神阿波罗和酒神狄俄尼索斯的两座祭坛、陶尔米纳剧场、泰斯庇斯旅行车以及莎士比亚的伦敦环球剧场。克里姆特舍弃了新巴洛克的炫丽风格，历史主义变得更加科学理性，史实地还原了过去的细节。克里姆特的家人还充当了画作的人物原型，画家自己也被画入《罗密欧与朱丽叶》中，成了其中的观众之一。在旧城堡剧院拆除之际，他还专门为其献上了一幅卓越的作品，精准描绘了舞台上以及观众席的130位维也纳名人，其中我们能辨认出来的有音乐家约翰内斯·勃拉姆斯（Johannes Brahms）、外科医生比尔罗特（Billroth）、政治家卡尔·卢埃格尔（Karl Lueger）、知名演员吉拉尔迪（Girardi）。这幅画因其精湛的技艺而广受赞誉，皇帝也因此赏赐了他400盾。整体风格迷幻、人物肖像写实是他艺术创作的显著特点。

寓言（1883）
维也纳，维也纳博物馆（位于卡尔广场）

维也纳老城堡剧院照片（约1885）

酒神狄俄尼索斯祭坛
（1886—1888）
*维也纳新城堡剧院入口拱顶和中央顶棚的装饰。

陶尔米纳剧场壮观的大楼梯和顶棚上的湿壁画（1884）
全图和局部
*维也纳新城堡剧院入口拱顶和中央顶棚的装饰。

环球剧场《罗密欧与朱丽叶》演出（1884—1887）
与弟弟恩斯特以及弗朗茨·马奇共同完成
* 维也纳城堡剧院顶棚两处隔板的装饰（1）。

泰斯庇斯旅行车（1888）
与弟弟恩斯特共同完成
* 维也纳城堡剧院顶棚两处隔板的装饰（2）。

在城堡剧院的艺术创作大获成功后，装饰新建的维也纳艺术史博物馆入口的大楼梯处的大片空间这个任务自然也被委托给了克里姆特的艺术工作室。这个博物馆是由哈森内尔和森佩尔设计的。如同其他的委托一样，这份工作原本是属于马卡特的，却由于这位艺术家在1884年突然离世而不得不中止了。这些寓意丰富的图案形象，反映了艺术史年代的发展。

克里姆特总是强调这次委托对他创作风格转变的重要性。从这次创作开始，他从沿袭以往的学院派风格，转变为探索新的艺术形式：他将增添脸部的立体感和缩小空间范围相结合，由此人物仿佛是剪刻在某种坚实的布景上（比如墙面）。同时，他博采众长，接纳吸收了众多风格并将其融入自己的作品，这种能力令人惊异，从贝利尼（Bellini）到梅洛佐·达·福尔利（Melozzo da Forlì），从卢卡·德拉·罗比亚（Luca della Robbia）、多纳泰罗（Donatello）到桑德罗·波提切利（Sandro Botticelli），都是他效仿的对象。然而，在描绘艺术史的《读者文摘》（Reader's Digest）中我们发现，在这些承袭传统的各类画风里，他的作品还冒出了一种独特的"新艺术风格"。例如《塔纳格拉少女》（La Fanciulla di Tanagra），画中女主人公仿袭古希腊风格的花裙、前拉斐尔派的发型和眼圈处的阴影，有如象征主义画家费尔南德·赫诺普夫（Fernand Khnopff）的创作，蕴含着一种含情脉脉的、令人不安的美。事实上，她是之后克里姆特创作的"蛇蝎美人"系列的原型。同时期的画作《两个女孩与夹竹桃》（Fanciulle con oleandro），不同寻常的画作尺寸、突出的花卉，暗示了克里姆特已经开启了象征主义手法的大门。

穿金衣的女人肖像（1886—1887）
与弟弟恩斯特以及弗朗茨·马奇共同完成

早年的克里姆特

塔纳格拉少女（1890—1891）
《古代希腊Ⅱ和古代埃及》柱间局部
维也纳，艺术史博物馆

古代希腊Ⅱ（1890—1891）▶
局部
维也纳，艺术史博物馆

两个女孩与夹竹桃（1890—1892）

爱（1895）
维也纳，维也纳博物馆（位于卡尔广场）

钢琴家约瑟夫·彭鲍尔肖像（1890）
因斯布鲁克，蒂洛尔州立博物馆

  这些标志着克里姆特接近创作成熟期的艺术特征也开始出现在人物肖像画里，比如，在《钢琴家约瑟夫·彭鲍尔肖像》（1890）中，传神逼真的写实主义肖像与扁平的里拉琴背景产生了强烈的对比，而画家添加的布满象征符号的画框更是强化了这种效果。

  1892年，弟弟恩斯特的早逝是克里姆特心里的隐痛。之后有几年他不怎么动画笔，当1895年他重新开始作画时，便完全进入了象征主义风格时期。

《医学》草图（1898—1899）
维也纳，维也纳博物馆（位于卡尔广场）

《哲学》草图（1899—1900）
维也纳，维也纳博物馆（位于卡尔广场）

作为画家，克里姆特也徘徊于颓废的现代主义文学的想象空间里。同样在这一领域里的年轻诗人霍夫曼斯塔尔正结束他的学徒身份，试图寻求一种能将内心感受与想法表达出来的方式。

1895年的《爱》（Amore）——这幅朦胧的前印象派画作——是这个时期的画家探索的成果之一。两位主人公被梦境一般的雾气笼罩，在他们上方浮现了几张脸孔，暗示着这对陶醉的情人以为自己能避开却不可挣脱的悲剧命运。我们隐约能看见这些骇人的脸，它们象征着精神错乱、疾病或死亡。在这几张脸的上方，还有三张分别为女孩、女人和老妪的脸，它们隐喻着随着时间的流逝而不可避免的衰败，位于金色画框边侧上的玫瑰枝条也暗示了美是稍纵即逝的。

找回遗失的象征符号，用现代方式表

《雕塑寓言》草图（1886）
维也纳，维也纳博物馆（位于卡尔广场）

雕塑寓言（1889）
维也纳，奥地利应用艺术博物馆

达寓意，是克里姆特当时所面临的问题，也是委托人的要求。在这个阶段，古斯塔夫·克里姆特正专心于设计维也纳大学大礼堂的装饰画，这是1894年文化教育部委任给他以及恩斯特的同学马奇的订单，要求表现出智慧的光芒战胜了愚昧的黑暗。

1896年，礼堂顶棚的第一个设计草图提交给文化教育部：顶棚中央是一幅宏大的画作，也就是光明的胜利；周围是四幅镶嵌画，分别表现了"神学""哲学""医学"和"法学"。弗朗茨·马奇负责画中心的部分以及"神学"，其他的三幅画则由克里姆特来创作。

对比这一时期克里姆特在《寓言与象征》（*Allegorie ed Emblemi*）中的两幅作品（由1883—1884年克里姆特曾合作过的维也纳格拉克＆申克出版社发表），就能看出克里姆特在探索寓意画道路上的发展历程。如果说在1896年《雕塑寓言》中的半身雕像还带着历史主义和学院派的风格（尽管画面中下方那神秘的头颅说明受到了现代性的影响），那么在《悲剧》（Tragedia，1897）这幅画中，象征手法的运用在作品主体中变得更为普遍，条带状画框里阿拉伯式的花纹曲线也是受荷兰画家图洛普（Toorop）的影响。

这时期的文化氛围也愈加清晰、浓厚。这幅画不再运用阿波罗式的古代的视觉形式，灵感更像是从尼采《悲剧的诞生》（La nascita della tragedia）一书的观点汲取而来：少女的一身黑衣透出一股邪恶魅惑之气，她佩戴着首饰，眼神坚定又神秘，两手还举着一个面具；画面右下方，挂着爱心形状树叶的小树枝是情爱的标志。这一手法在他的代表作《吻》（1907）中也出现过。

在1898年接到委任后，克里姆特掌管了杜巴（Dumba）宅邸的音乐厅的装饰设计工作。至此，我们再一次看到了历史主义与新艺术风格的融合，以及对拿破仑时代风格的偏爱：桃花心木，镀金黄铜，大理石的墙砖，饰以星星和蛇状线条的顶棚，壁炉上美杜莎的头颅以及画着火焰和音符图案的炉前隔热屏。设计采用了整体折中主义，并选择有象征意义的装饰纹理，这与同时期风行的慕尼黑的斯塔克别墅风格保持一致。

在大厅里，克里姆特创作了两幅门顶装饰画，这是他艺术生涯的一个重要时期。这两幅作品分别是《弹钢琴的舒伯特I》和《音乐寓言I》（Allegoria della Musica I）。遗憾的是，它们现今都已毁坏。

《音乐寓言II》（Allegoria della Musica II）是与1895年同题材创作的第二个版本的作品，尽管充满了自然主义的绘画细节，但其突出的装饰背景和寓意性主题，反映了克里姆特独特的创作风格和对绘画的思索方式。画中令人不安的女性角色让人回忆起他为博物馆创作的湿壁画《塔纳格拉少女》里的人物姿态，而狮身人面像和动物面具的设计则揭示了克里姆特的音乐秘密。

如同克里姆特第一幅伟大的方形肖像画《索尼娅·奈普斯》（Sonja Knips，1898），同年为维也纳大学所作的初期的两幅草图也有着流畅的线条感。这是关键的一年，因为分离派首次登台亮相：以约瑟夫·奥布里希（Joseph M.Olbrich）设计的分离派会馆为起点，他们准备打破维也纳的传统美学标准。克里姆特尽管是一个腼腆的人，但当时却已经成了权威和这场革新的重要推动者。

音乐寓言 I（1895）
慕尼黑，新绘画陈列馆

音乐（1901）
*《神圣之春》杂志

音乐寓言 II（1898）
已损毁

渴望与满足（约1897）
让·西奥多·图洛普
巴黎，奥赛博物馆

《悲剧》草图（1897）
维也纳，维也纳博物馆（位于卡尔广场）

女孩头像（1898）

瑟琳娜·莱德勒（1899）
纽约，大都会艺术博物馆

女人肖像(1898—1899)
维也纳,奥地利美景宫美术馆

惹来众怒的画作

维也纳大学大礼堂装饰画成为烫手山芋的同时，分离派已变成维也纳艺术生活的主角，这导致克里姆特的艺术品位和创作风格产生了深刻的变化。这位艺术家意识到他的画作无法再像从前沿袭学院派风格时获得众人的一致赞许，于是选择了一条诗意的真理之路，这引起了委托方的不满，但却标志着他独特的装饰象征主义更为成熟。

早在1898年时，克里姆特的两幅草图已经受到了教育部委员会的批评，但论战在1900年第一幅作品《哲学》(*Filosofia*)面世时才最终爆发。这幅画引发了87位大学教授的抗议，在呈给教育部的愤慨不平的书信中，他们恳请委员会重新审查这个项目。在新闻界也是一片惊呼："丑闻"，讨论人群包括维也纳整个文化界。签名反对者之一、自由主义者弗里德里希·约德尔（Friedrich Jodl）宣称："我们不是在反对裸体，也不是在反对艺术自由，而是反对丑陋的艺术。"与此同时，艺术史学家弗朗茨·维克霍夫（Franz Wickhoff）则和少数克里姆特支持者站在了一起。他在1900年5月9日召开的研讨会"什么是丑陋"中阐明了"丑陋"的概念，实际上也暗中对克里姆特这幅作品所表达的内涵与反对者展开了辩驳。

在这个时期，克里姆特的作品在教育部方面还未引起大波澜，他们还将《哲学》送到巴黎的世界博览会参展，为此还获得了金奖。然而，1901年展出的《医学》(*Medicina*)的画面中怀孕的女性角色与空白处混乱交缠的身体，使得论战进一步激化。人们谴责这幅画只是一场无意义的解剖人体学的狂欢，而对于它伤风败俗的控诉，还引来了38000名好奇的参观者。甚至第六期分离派杂志《神圣之春》还被政府临时没收，因为里面收录了一些克里姆特画作的草图。

在邻邦德国，这场论战与由海因兹法案（Heinze）引起的反艺术不道德性的讨论交织在一起，那年在艺术界和自由派领域也出现了激烈的反对声，甚至进步派人士克劳斯（Kraus）也公开反对克里姆特作品的创作构思。这些思想碰撞被赫尔曼·巴尔记录在1903年发表的一部书册里，这部有趣的文献资料集合了那个年代可接受的理念、偏见与意识形态，人们甚至还能隐约瞥见一些反犹的观点。

群情愤慨引来了一场议会质询，当1903年《法学》(*Giurisprudenza*)也最终完成后，教育部委员会判定这些作品不适用于大礼堂，并提议将其展示在刚建成的当代艺术画廊里。克里姆特拒绝了将作品安置别处的提议，并在1905年重新从政府那里买回了自己的这些作品。

学不能战胜死亡，法学不过是为暴力辩护，并不能阻止权力滥用与愤怒、报复和罪过三女神。克里姆特式表现手法的核心是痛苦的人性和空洞的宇宙，科学如同被边缘化的神或狮身人面像，而在《哲学》和《医学》两幅画中同样的动荡不稳的空间感，以及在《法学》中被阻断的碎块，都显露了理性主义和实证主义的观念与信任危机。

在《哲学》这幅画中，朦朦胧胧的天空中显现出了一个怪影，周围环境是虚焦的，空中的蓝绿色凝聚成了一个巨大的女性躯体与斯芬克斯悲伤的面庞。据分离派第七届展览的目录册中的记录，"这是世界和它的谜题的景象"。它以一种极致的漠然态度掌控着人类飘浮流动的行列。在画面下方有一个头像，那是戴着面纱仍发出光芒的真理女神，她更像是女预言家和占卜者，而不是胜利的理性主义的象征。

在《法学》这幅画中，前两幅画中流动不定的空间已经被固化在了黑金的框架中，仿佛是没有出路的牢笼。取代原本飘浮在空中那些表情呆滞迟钝的人物的，是镶嵌在表面的受害者的形象，他们仿佛被囚禁在犯下的罪过里。在画面的上方，夹杂在几何装饰图案中疏离而冷漠的真理、正义和法律女神监控着整个画面，有如拜占庭马赛克中的木乃伊。而与她们对应的是三个充满邪气的女性形象，也就是画面

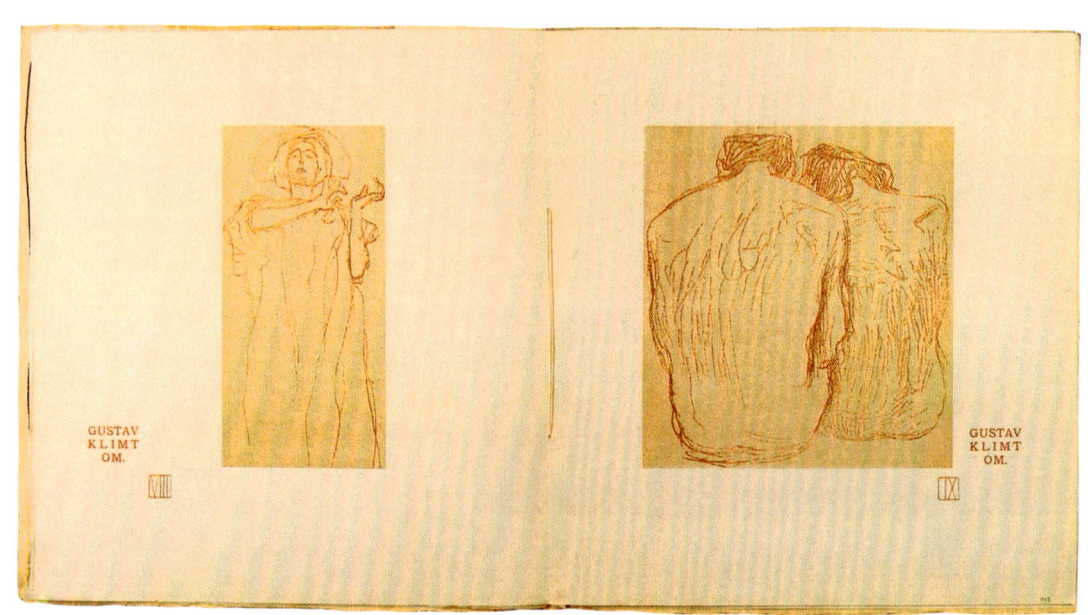

《医学》中海吉雅女神与情侣草图
* 刊登于维也纳杂志《神圣之春》四幅画中的两幅（Ⅳ，1901年，第6期），用于准备1901年3月15日的第十届分离派展览。古斯塔夫·克里姆特自己设计了16页编号。

惹来众怒的画作

维也纳大学大礼堂装饰画成为烫手山芋的同时,分离派已变成维也纳艺术生活的主角,这导致克里姆特的艺术品位和创作风格产生了深刻的变化。这位艺术家意识到他的画作无法再像从前沿袭学院派风格时获得众人的一致赞许,于是选择了一条诗意的真理之路,这引起了委托方的不满,但却标志着他独特的装饰象征主义更为成熟。

早在1898年时,克里姆特的两幅草图已经受到了教育部委员会的批评,但论战在1900年第一幅作品《哲学》(Filosofia)面世时才最终爆发。这幅画引发了87位大学教授的抗议,在呈给教育部的愤慨不平的书信中,他们恳请委员会重新审查这个项目。在新闻界也是一片惊呼:"丑闻",讨论人群包括维也纳整个文化界。签名反对者之一、自由主义者弗里德里希·约德尔(Friedrich Jodl)宣称:"我们不是在反对裸体,也不是在反对艺术自由,而是反对丑陋的艺术。"与此同时,艺术史学家弗朗茨·维克霍夫(Franz Wickhoff)则和少数克里姆特支持者站在了一起。他在1900年5月9日召开的研讨会"什么是丑陋"中阐明了"丑陋"的概念,实际上也暗中对克里姆特这幅作品所表达的内涵与反对者展开了辩驳。

在这个时期,克里姆特的作品在教育部方面还未引起大波澜,他们还将《哲学》送到巴黎的世界博览会参展,为此还获得了金奖。然而,1901年展出的《医学》(Medicina)的画面中怀孕的女性角色与空白处混乱交缠的身体,使得论战进一步激化。人们谴责这幅画只是一场无意义的解剖人体学的狂欢,而对于它伤风败俗的控诉,还引来了38000名好奇的参观者。甚至第六期分离派杂志《神圣之春》还被政府临时没收,因为里面收录了一些克里姆特画作的草图。

在邻邦德国,这场论战与由海因兹法案(Heinze)引起的反艺术不道德性的讨论交织在一起,那年在艺术界和自由派领域也出现了激烈的反对声,甚至进步派人士克劳斯(Kraus)也公开反对克里姆特作品的创作构思。这些思想碰撞被赫尔曼·巴尔记录在1903年发表的一部书册里,这部有趣的文献资料集合了那个年代可接受的理念、偏见与意识形态,人们甚至还能隐约瞥见一些反犹的观点。

群情愤慨引来了一场议会质询,当1903年《法学》(Giurisprudenza)也最终完成后,教育部委员会判定这些作品不适用于大礼堂,并提议将其展示在刚建成的当代艺术画廊里。克里姆特拒绝了将作品安置别处的提议,并在1905年重新从政府那里买回了自己的这些作品。

这场公愤标志着克里姆特和体制世界的决裂,也使他在艺术学院的教授提名中落选了。"我不能再依靠那些我要去反抗的人了。"克里姆特这样宣布。从那以后,他只能凭借文化精英阶层收藏他的作品和委托他绘制肖像画作为自己的经济支持。身为分离派的主席,他享受着富有且有学识的犹太中产阶级的追捧,但他也被迫放弃了自己曾经作为艺术家的野心和追求,不能去创作大型公益性项目。正如他在1908年举行的艺术展览的开幕仪式中所强调的,要看到非精英阶层艺术、绘画与建筑的融合以及将绘画作为一种完美对象存在的逻辑。

克里姆特三幅原本用来装饰维也纳大学大礼堂的作品的摆放位置模拟图(红色标注的部分)。

克里姆特仍然被三幅装饰画纠缠折磨着,不仅仅因为它们所招致的公愤,还因为前两幅画与最后一幅画之间存在着明显的形式上的差异。这三幅画的设计过程,也体现出了他的个人风格在不断成熟。直到1907年,当这些杰作即将被展示在柏林和维也纳的私人画廊时,克里姆特还在完善这些画作,不断调整、修改细节,加入一些装饰性的元素。

这三幅作品后来被企业家奥古斯特·莱德勒(August Lederer)购买,他是一位重要的克里姆特作品收藏家,但不幸的是这些作品在1945年的一场火灾中被毁于一旦。今天除了海吉雅女神的彩色临摹画、当年报纸对克里姆特运用的色彩描述以及唯一的《医学》草图之外,我们的历史资料只剩下黑白相片了。

到底是什么引起了这场激烈的论战?维克霍夫认为,人们在指责作品充满情色的背后,实际上隐藏着人们对它们思想内涵的排斥。教育部和学院原本设想的"智慧的光芒战胜愚昧的黑暗"被颠覆成了一种悲观主义,作品中渗透着叔本华(Schopenhauer)和尼采(Nietzsche)的哲学思想,并带有强烈的象征主义文化色彩。

歌颂科学的无所不能,倒不如揭露它没有能力将人类从痛苦中解放的事实。这组画作表明:哲学无法让人领会自己的命运,医

哲学（1900）
已损毁

《医学》草图（2）（1900—1901）
维也纳，阿尔贝提纳博物馆

学不能战胜死亡，法学不过是为暴力辩护，并不能阻止权力滥用与愤怒、报复和罪过三女神。克里姆特式表现手法的核心是痛苦的人性和空洞的宇宙，科学如同被边缘化的神或狮身人面像，而在《哲学》和《医学》两幅画中同样的动荡不稳的空间感，以及在《法学》中被阻断的碎块，都显露了理性主义和实证主义的观念与信任危机。

在《哲学》这幅画中，朦朦胧胧的天空中显现出了一个怪影，周围环境是虚焦的，空中的蓝绿色凝聚成了一个巨大的女性躯体与斯芬克斯悲伤的面庞。据分离派第七届展览的目录册中的记录，"这是世界和它的谜题的景象"。它以一种极致的漠然态度掌控着人类飘浮流动的行列。在画面下方有一个头像，那是戴着面纱仍发出光芒的真理女神，她更像是女预言家和占卜者，而不是胜利的理性主义的象征。

在《法学》这幅画中，前两幅画中流动不定的空间已经被固化在了黑金的框架中，仿佛是没有出路的牢笼。取代原本飘浮在空中那些表情呆滞迟钝的人物的，是镶嵌在表面的受害者的形象，他们仿佛被囚禁在犯下的罪过里。在画面的上方，夹杂在几何装饰图案中疏离而冷漠的真理、正义和法律女神监控着整个画面，有如拜占庭马赛克中的木乃伊。而与她们对应的是三个充满邪气的女性形象，也就是画面

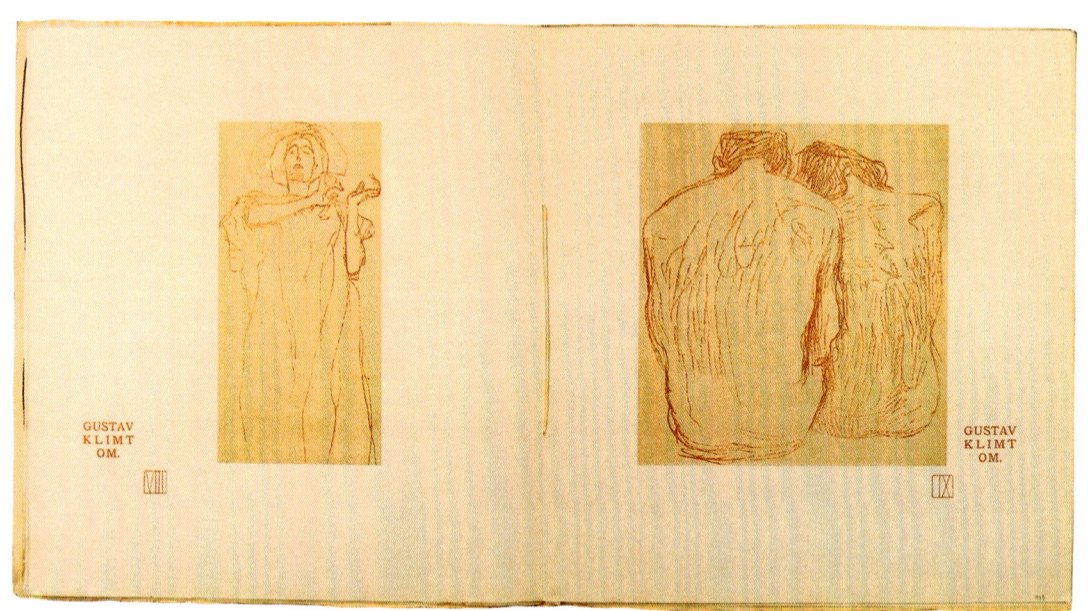

《医学》中海吉雅女神与情侣草图

* 刊登于维也纳杂志《神圣之春》四幅画中的两幅（Ⅳ，1901 年，第 6 期），用于准备 1901 年 3 月 15 日的第十届分离派展览。古斯塔夫·克里姆特自己设计了 16 页编号。

《医学》草图（1897—1898）

医学（1901）
1945年毁于伊蒙多夫城堡火灾

下半部分场景的主角,她们是复仇三女神,分别代表了愤怒、报复和罪过。被审判的是一名男性,弓背曲腰,他处于诡谲的卡夫卡式噩梦里,在已经裹住他的珊瑚虫状的子宫陷阱里等待完成判决,这种惩罚仿佛是一场险恶的阉割噩梦。"一种震动人心的诡秘性幻想",休斯克(Schorske)评论道。

通过这种方式,克里姆特不仅揭露了法律与秩序世界的不稳定性,同时与反映在前两幅画中的宇宙论一样,他还展示了黑暗势力胜于理智的理念。克里姆特给这些心灵深处的能量赋予女性的面容。如果说在《哲学》

惹来众怒的画作 39

法学（1903）▶
1945 年毁于伊蒙多夫城堡的火灾

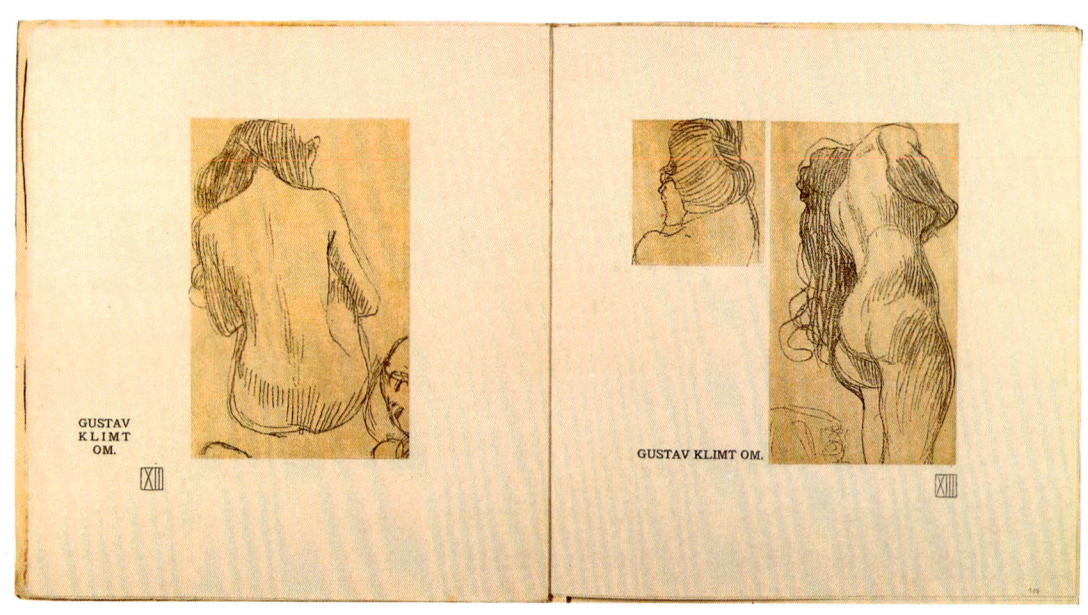

《医学》草图
＊杂志《神圣之春》（Ⅳ，1901 年，第 6 期）

和《医学》中，不管是斯芬克斯还是伊西斯，真理女神还是女巫，或是女祭司伊盖雅，这些形象都宣示着女性的主权，那么与之相反，在《法学》中则是爆发了对于母系原则的消极力量所带来的焦灼和忧虑。

这些具备两面性的女性神话是克里姆特所有作品的主题，它凝聚了情色在人性本能与社会文化道德之间的纠葛矛盾，而这与弗洛伊德和尼采相去无几，他们都是为了给现代生活赋予一种意义和形象而呼唤古希腊的深层本能力量。

因此，这三幅装饰画代表了克里姆特艺术发展过程中的一个重要里程碑：从 1898 年至 1903 年，在他缓慢的精心创作过程中，成形的不仅是他的诗性修养和宽阔视野，还有他独特的抽象装饰风格。《法学》表明他最终放弃了仍然充斥在《哲学》和《医学》中的绘画理念，而是着重突出了反印象派的色彩运用和线条风格的选择，并且对形象夸张的自然主义风格的装饰拼接极为重视。《法学》实际上建立在僵硬扁平的空间感（与镶嵌装饰相关）以及对三维物体短缩透视的冲突之上：寓意的场景与阐释作用被弱化成一块满是镶嵌物的布，一个意义不明却令人着迷的拼图。装饰既是结构，也是信息。"深意需要被隐藏起来。藏在哪儿？藏在浅薄表面里。"那时的诗人霍夫曼斯塔尔（Hofmannsthal）这样写道。这实际上是重提了尼采 1882 年在《愉快的科学》（La gaia scienza）中的建议："像希腊人那样，至深则浅。"

分离派时期

作为当时分离派主席的克里姆特一直处在舆论的风口浪尖，同时他也是一场艺术变革的主人公。1897年4月3日，克里姆特向分离派机构"艺术者之家"（Künstlerhaus）（管理维也纳艺术家团体和各官方展览的组织）致信并指出，要"推动维也纳艺术与外国艺术发展保持紧密联系，举行纯艺术性质的、非商业化的展览"。

这些讨论常常发生在女作家贝尔塔·祖卡坎德尔的沙龙、音乐家马勒的家、斯班咖啡馆和葛林斯坦咖啡馆这些场所里，参加讨论者则有艺术评论家路德维希·希维西、作家赫尔曼·巴尔以及城堡剧场管理人麦克斯·布尔克哈德等。在1896年，克里姆特与画家恩格尔哈特（Engelhart）、摩尔（Moll）一同制订了第一份计划书，最初的目标是简单地在维也纳艺术家协会内部设立一个委员会，然而委员会小组建立后的一个半月内，一些保守派强硬的态度便导致了他们关系的破裂。分离派不仅体现在名字上，事实上他们也分崩离析了。

古罗马就有"平民的分离"一词，而"分离派"的形式与名称来源于1892年由弗朗茨·冯·斯托克（Franz von Stuck）创立的慕尼黑分离派。1894年，他们在维也纳举办的展览鼓舞了一些年轻艺术家，这些人开始反对当地的艺术体制，谴责其脱离了被普遍认为与象征主义艺术一致的时代精神。这是当时艺术家普遍的文化需求：1898年，在柏林也因相似的理由成立了分离派组织。不过，如果说其他的欧洲分离派只是简单的艺术组织命名，那么维也纳分离派则已经变成了现代主义和新风格标志的代名词——毋庸置疑，这与派内成员的能力水平以及当时奥地利独特的文化氛围是分不开的。

在维也纳，被批判的对象主要是历史主题画和写实主义画，他们尤其把矛头对准了环城大道的建筑物上的折中主义和历史主义装饰。环城大道宽阔且呈环状，它代替了古城墙的位置，围绕着古老的市中心而建。在1858年至1888年，这里又新建了一些豪奢的官邸和剧院、博物馆以及富有的新中产阶级大楼。这场宏大的城市规划使得首都的景色更加雄伟壮观，在这之后的新哥特式、新文艺复兴式和新巴洛克式艺术风格的运用也是水到渠成。

分离派追求与探索现代性，这体现在分离派成员选择的口号上："为时代的艺术，为艺术的自由。"他们也意欲摆脱艺术的复古时代，从现在的观点看来，复兴古典艺术只是"新瓶装旧酒"。在分离派的推动者中出现了三位建筑师：一位是杰出的老建筑师奥托·瓦格纳（Otto Wagner），另外两位年轻人分别是霍夫曼（Hoffmann）和奥布里希（Olbrich）。这不是偶然，而是由重塑建筑文化的需要决定的。奥托·瓦格纳写道："现代人应该展现他们的真实面貌。"

在1895年的《现代建筑》（L'architettura moderna）中，他将维也纳的环城大道比作"波托金之城"（La città di Potemkin）。波托金是女沙皇的情夫，为了隐瞒其领地的惨淡和荒芜，他在预先知道的叶卡捷琳娜二世必经之处建起了假墙，以之作为掩盖的屏障。

起初，分离派的纲领没有制定一个真正的带有倾向性的宣言，尽管他们在实践方面非常具体，但从意识形态的角度来说，这份纲领仍然比较笼统。很快，他们开始

罪（1893）
弗朗茨·冯·斯托克

慕尼黑分离派第一次国际艺术展海报（1893）
弗朗茨·冯·斯托克
慕尼黑，城市博物馆

环城大道区域的南侧鸟瞰图（世博会期间，1873）
局部
古斯塔夫·维斯
维也纳，维也纳博物馆（位于卡尔广场）

修建维也纳城市博物馆的两张透视设计图
（1909）

分离派时期

创办杂志《神圣之春》(Ver Sacrum)、建设展览馆并组织展览。笼统性是不可避免的，尽管成员以现代性为中心共同建立了这个协会，但由于成员里有自然主义者、后印象派艺术家、宣传画绘制者等，多元思想仍然存在；而事实上那些分离派的领导人物（如克里姆特，建筑师奥托·瓦格纳、约瑟夫·奥布里希、约瑟夫·霍夫曼，画家卡尔·莫尔、阿尔弗雷德·罗勒等）有着自己明确的定位，他们这种别具一格的"分离主义者"风格很快展示在大家眼前。后来这也导致了一系列分离派的内部冲突，最终在1905年克里姆特与一些成员被迫"轰轰烈烈"地退出了协会。虽然协会此后仍然存在，但失去了一些重要艺术家的指引作用。

分离派雄心勃勃的创举之所以能一举成功，犹太文化精英阶层和在1848年革命之后官僚大资产阶级（当时的领导阶级）的子女们的财政支持发挥了至关重要的作用。矛盾的是，正是这些在环城大道上坐拥豪华府邸的人——所谓"波托金之城"的居民，在推动着新风格的诞生。

那时的政治形势对分离派而言也是一片大好。1897年4月，作为基督教社会党领袖和政治煽动家的卡尔·卢埃格尔，因担心自己维也纳市长的位置被撼动，所以没有妨碍和阻止分离派的计划，而且还通过投票给分离派特批了一块用于建设展览馆的土地。这块土地位于市中心，并毗邻巴洛克式的圣卡洛教堂前的大广场，当时奥托·瓦格纳正在那儿建新地铁站。于是，1898年11月，约瑟夫·奥布里希立即开始着手设计新建筑。与此同时，分离派也正在举办他们的第二次展览。

多瑙河河道——伯恩大桥、斐迪南大桥(1897)
建筑师奥托·瓦格纳
维也纳，维也纳博物馆（位于卡尔广场）

为《神圣之春》创作的水彩画（1897）
约翰·维克多·克莱默
维也纳，阿尔贝提纳博物馆

为《神圣之春》创作的设计图（1898）
维也纳，阿尔贝提纳博物馆

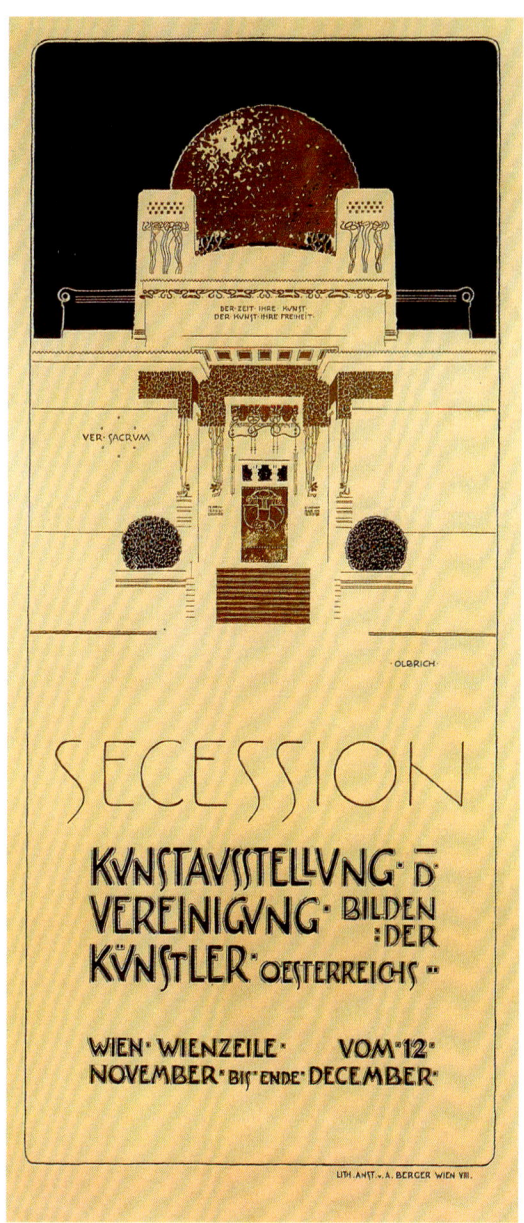

分离派第二次展览宣传设计图（1898）
约瑟夫·奥布里希
维也纳，维也纳博物馆（位于卡尔广场）

1898年3月23日，在园艺协会大楼里举办了第一次盛大气派的分离派展览开幕式，老弗兰茨·约瑟夫皇帝的到来让整个展览会蓬荜生辉。约瑟夫皇帝虽然对艺术审美没有很高的热情，但他把赞助艺术家和鼓励新艺术看作他的职责之一，只要他们不做越界出格的事。虽然维也纳的年轻艺术家们在与学术制度抗争，但他们并不是"浑蛋"或"流浪汉"，他们并没有激烈地反对资产阶级，相反还对习俗常规十分尊重。尽管可能心里暗自高兴，但当老皇帝看到这些年轻艺术家由名誉主席——八旬画家鲁道夫·冯·阿尔特（Rudolf von Alt）——带领着向他致以敬意的时候，他还是十分讶异。

致辞时，这位画家说："我的年龄确实已经很大了，陛下，但是要让我重新开始，我仍然觉得自己很年轻。"

这件逸事被当时的报纸报道，分离派画家鲁道夫·巴赫（Rudolf Bacher）也作画记录了这件事，他还在皇帝的左侧画上了穿着燕尾服的克里姆特，他显得神色恭敬而意志坚定。没有什么比这件事更能反映出19世纪末的维也纳与众不同的文化艺术氛围：价值观念的危机与更迭仿佛是循序渐进、悄然无声地进行着的。显然，历史悠久的奥匈帝国有吸收与化解困难的能力，甚至连知识分子的"反抗斗争"似乎也避开了极端行为和各种阻碍。

分离派的第一次展会以57000名参观者、售出218件作品的成绩闭幕，这是一次前所未有的成功：维也纳的艺术圈子似乎突然摆脱了懒散麻木的作风——与齐柏林、电车、电话和打字机一起，带着国际性面貌的现代艺术之风来到了多瑙河畔的中心城市。

同年秋天，在巴洛克式广场附近的由瓦格纳设计的首个地铁站举行了建成仪式，第二次分离派展览也在新展览馆开幕了。这幢具有象征性的建筑实现了分离派的艺术理念和新风格追求，以其洁白光滑、精准比例及金色镀铜月桂叶状的镂空屋顶，与那些千篇一律的历史主义建筑区分开来。约瑟夫·奥布里希设想："它是一座艺术殿堂，慷慨地赐予艺术学家们一处雅致静谧的庇护所……光洁的墙壁简单而纯粹……好像未完成的塞杰斯塔（Segesta）神庙，有一种贞洁的高贵。我静驻在它面前，一股战栗流过全身。"

维也纳分离派第七次展览的藏书票（约1900）

弗兰茨·约瑟夫皇帝参加第一次分离派展览（1898）
鲁道夫·巴赫
维也纳，维也纳博物馆（位于卡尔广场）

带有分离派装饰元素的一幢维也纳建筑（1898—1899）
建筑师奥托·瓦格纳

维也纳分离派第四次展览海报（1899）
阿尔弗雷德·罗勒

维也纳分离派第五次展览海报（1899）
科罗曼·莫塞尔

维也纳分离派第十三次展览海报（1902）▶
科罗曼·莫塞尔

维也纳分离派第十六次
展览海报（1903）
阿尔弗雷德·罗勒

维也纳分离派第十七次
展览海报（1903）
马克斯·库兹威尔

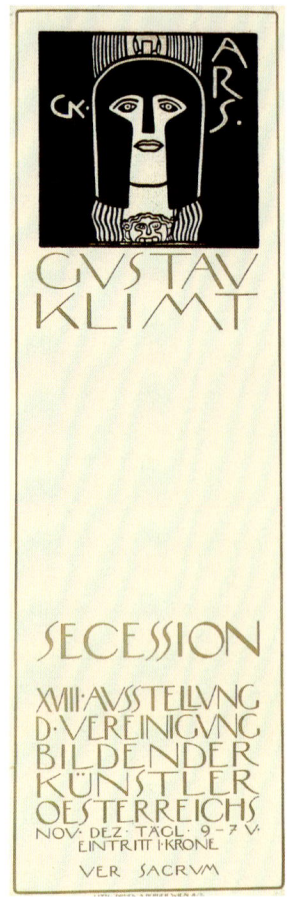

维也纳分离派第十八次
展览海报（1903）
古斯塔夫·克里姆特

书房内的自画像（约1906）
卡尔·莫尔
维也纳，视觉艺术学院

维也纳卡尔广场地铁站（1898）
建筑师奥托·瓦格纳

维也纳卡尔广场地铁站透视图（1898）
建筑师奥托·瓦格纳
维也纳，维也纳博物馆（位于卡尔广场）

《分离派会馆》草图（1）（1898）
局部
维也纳，维也纳博物馆（位于卡尔广场）
* 绘于阿尔弗雷德·罗勒给克里姆特的信背面。

《分离派会馆》草图（2）（1897）
局部
维也纳，维也纳博物馆（位于卡尔广场）

折磨人的痛苦（1902）
《贝多芬横饰带》第二面墙局部
维也纳，分离派会馆
* 无尽盘旋的蛇尾是悲伤的人物形象的背景。

长发女孩肖像画（1895）
费尔南德·赫诺普夫
维也纳，阿尔贝提纳博物馆

《祭献》草图（1891）
费尔南德·赫诺普夫
维也纳，阿尔贝提纳博物馆

分离派时期　59

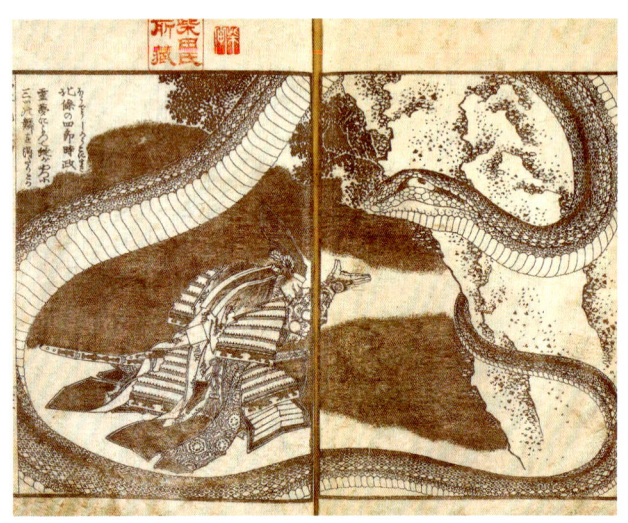

武藏国书页插图（1836）
葛饰北斋
伦敦，大英博物馆

做梦者（1897）
让·西奥多·图洛普
维也纳，阿尔贝提纳博物馆

它庄重而不威严，恰如其分的墙体的白色与当时新复古艺术风格的博物馆截然不同，更加映衬出展品的主体地位。

奥布里希的这件作品为一种新的语言奠定了基础，同时也是一种诗意的表述方式：一座艺术殿堂，一个行程的起点，在这里展示了新的美学观点。在接下来的那些年里，分离主义者对艺术的狂热崇拜愈演愈烈，这也是维也纳文化里特有的现象，比如颓废派文学家赫尔曼·巴尔，分离派和克里姆特最热衷的支持者之一，还有他身边的作家与诗人。就连诗人胡戈·冯·霍夫曼斯塔尔（Hugo von Hofmannsthal）也在他的作品《安提戈涅》（Antigone）里写道："艺术作品里只有真实，其余不过是镜花水月罢了。"

"只有作为美学现象时，世上万物的存在才是合理的。"这是尼采在1872年的《悲剧的诞生》中提出的观点。然而，此时在没落的欧洲这种思想才逐渐传播开来，就连象征主义者克里姆特也汲取了其中的养分。

作为分离派的主席和推动者，克里姆

特也积极参与了新馆的设计工作。他手中的两份草图说明他曾为奥布里希出谋划策。比如入口处光洁纯白的两面墙壁是克里姆特的主意（虽然起初他打算使用墙面装饰）；三个悬挂在入口处的戈尔贡面具也来自他的灵感，这在其手稿里是可考证的；还有其余侧墙的嵌入装饰，比如三只猫头鹰、雅典娜的鸟以及其他动物形象，这并非巧合，他们象征了克里姆特作品的中心主题——象征主义的黑暗表现手法与女性的虚构世界。

奥布里希设计里中性可变、完全利用的内部空间是现代建筑中的新现象。分离派对展览布局的现代理念有着根本性的贡献，他们推崇从转变呈现方式的角度去实现展览的创新。

这意味着展览不再是简单地往墙上挂几幅画，而是设计一种能被普遍运用的模式，让室内建筑和多种艺术共同营造出协调统一的氛围，并适用于任何展览。1898年的第一次分离派展览开始运用在当时来说全新的两项展览原则：画作悬挂的位置与眼睛的高度保持一致，并按作者分类展出，这与当时沙龙的无序模式相映衬；从第二次展览开始，分离派展馆使可移动墙壁变为可能，这有利于实现频繁地改变陈设与创造空间的和谐。

按照新理念，委任建筑师与选择陈列展品是同等重要的两个阶段。而新理念的几次顶峰出现在了1899年约瑟夫·奥布里希布置的第四次展览、1901年阿尔弗雷德·罗勒负责的第九次展览以及1902年4月由约瑟夫·霍夫曼布置的献给贝多芬的第十四次展览上。

建筑师们越来越追求一种在概念、展品、室内装饰和摆设之间审美的一致性。在贝多芬展中，这种追求推动了欧洲艺术史上的一次重要尝试，即创造一个"完整"的艺术品。这些原则促进了当代博物馆理念的发展。

分离派也引起了公众对于当代艺术的热忱，从一些机构入手推动购买政策，在这点上协会自身也贡献了三分之一的收入。凡·高、塞根蒂尼、罗丹的作品被收购，在维也纳还首次举办了现代艺术公共收藏展。1902年，在得到弗兰茨·约瑟夫的批准后，画廊次年举行了开幕典礼。1898年至1905年，分离派组织举办了23次展览，其中有许多展览都意义非凡。那些年出现了很多艺术家，比如弗朗茨·冯·斯托克、勃克林、克林格尔、迈恩、爱德华·蒙克（Edvard Munch）、图卢兹·罗特列克、罗丹、塞根蒂尼、霍德勒、卡里尔、格拉塞、阿尔丰斯·穆夏、克莱恩、图洛普、费尔南德·赫诺普夫和查尔斯·马金托什等。

1900年1月，分离派第六次展览围绕日本绘画艺术展开，他们承认其对欧洲艺术的影响。那时，在维也纳人们开始公开谈论一种"风格"，它被理解成带有强烈二维性的形象语言，连接线条和几何形状，创造出带有装饰性和结构性的作品，而不仅是简单的描绘。

尽管新艺术运动和德国青年运动有着同样的审美普遍性，但分离派的这股新兴趋势仍然是别具一格的，它重视几何形状，乐于将棱角与新艺术风格典型的流线对立比较，这样的选择体现了与装饰丰富性相对的理性特征。它要求结构清晰简明，并达到一种重力间的平衡。分割空间与表层布局显示了一种对维持稳定状态和调控力量冲突的需要。在几何模式中凝聚了维也纳文化的双重性，即对精准和稳定的需求。

艺术审美在1902年达到了高峰：为致敬艺术天才贝多芬，分离派举办了第十四次展览。这次展览赞颂了各艺术形式间的和谐统一。在马勒指挥的《第九交响曲》与伊莎多拉·邓肯（Isadora Duncan）的优美舞蹈中，分离派圣殿的大门被缓缓打开。

分离派从1903年开始用历史来诠释现代性与"风格"的历史化尝试。事实上，分离派在第十六次展览上承认印象主义中曾存在现代性元素，这些先导者有埃尔·格列柯、委拉斯开兹、戈雅、科罗特、德拉克洛瓦、康斯特布尔和特纳。

回顾历史，我们会发现表现手法渐增的不稳定性与创作内容的不断解放。艺术历史观对撰写当代历史十分重要，这也是画家乔治·修拉（Seurat）的关键转折点，突出强调了日本浮世绘的作用，是其向"风格"转变的重要时刻，比如凡·高、高更、图卢兹·劳特累克、波纳德、丹尼斯、唐顿、瓦洛顿、维格兰、维亚德的作品。

在历史意识的觉醒中，艺术家们对自身表达形态的前提与来源有了更加清晰的认知，也意味着一种责任的承担。在分离派信条中，伦理学和美学是共存的，形式更是指明了方向。

1903年，这场运动达到了它的顶峰。由科罗曼·莫塞尔（Koloman Moser）筹办的第十八次分离派展览成了克里姆特的个人展，当时的克里姆特既享受着他作品的收藏者们的崇拜，同时也处在那三幅大学大礼堂装饰画事件的舆论中心。

展览展出了能表现分离派风格精华的48幅画作，这些作品（如《法学》）抛弃了传统的绘画理念，选择了刚性扁平的画面设计效果，结合了自然主义、装饰性元素以及贵重材料，如同宝石镶嵌一样，寻求一种集中作品张力的雅致与和谐。

这是他的黄金时代，同时也是其创作的充分成熟期。克里姆特时期的维也纳成了新的拜占庭，镀金艺术激起了情欲，神化了美丽，把生活中诱惑的矛盾性集中在同一个女人身上,她的面容好像拒人于千里之外,又令人沉醉入迷。

与此同时,尽管关于克里姆特的争论愈演愈烈,但政府仍然为分离派源源不断地提供着巨大的支持:将所有的主要建筑物,乃至邮票与货币的设计都委任给了分离派艺术家。

按照学者休斯克的假说,从某种程度上说,在分离主义者的世界主义精神与维护各种民族主义的政府保护之间存在着微妙的一致性。1988年,正是在分离派成立的这一年里,那位性情古怪、喜爱四处旅行的伊丽莎白皇后在日内瓦被暗杀,这暗示着帝国与其体制的坚固只是一团幻影,标志着新世纪来临时的动荡,这也已经预示了1914年6月那一天,几颗决然又冰冷的子弹最终会毁灭哈布斯堡王朝,甚至整个旧资本主义的欧洲。

夫妇夜惊遇暴雨(约1800)
喜多川哥麿
维也纳,阿尔贝提纳博物馆

分离派时期 63

从《神圣之春》到维也纳艺术工坊

"我坚决要求每一期《神圣之春》呈现出一次小型展览的效果,这样《神圣之春》就变成了一场大型展览。"阿尔弗雷德·罗勒在1898年给克里姆特的信中这样写道。1898年至1903年出版的96期杂志(发行量400—600册)每一期都是一个完整连贯的艺术作品,如同发表的55幅石版画与216幅木刻版画,每幅都是集体智慧有机结合的证明。

《神圣之春》,这个标题的灵感来源于德国浪漫主义诗人路德维希·乌兰特(Ludwig Uhland)的一首抒情诗,它融合了重生的需要与艺术的崇高理念,分离主义者也希望后者能与民主化相结合。事实上,在第1期杂志中人们就能读到:"唤醒、刺激和捍卫我们这个时代的艺术敏感性……我们无法辨别大众艺术与小众艺术、高雅艺术与通俗艺术的区别。艺术应是大家共有的财富。"

在那个时代,杂志扮演着普及美学原则的重要角色,比如1893年拥有很多维也纳读者的英国的《工作室》(The Studio)、1895年在柏林出版的《潘》(Pan)和1896年慕尼黑的《青年》(Jugend)等。但《神圣之春》不仅是用于传播国际现代主义的刊物,它还是分离派艺术家的实验场地,在那里艺术家们享有极大的创作自由。

在空白的画纸上不受规则的约束,摆脱了比较与冲突,从而产生了一种新"风格",即在同一平面内将抽象和具体结合的线性特征,对物体形体规律的敏感性。起初人们只是为文字加上插图或镶框,后来在文字与图像之间逐渐形成了一种和谐的关系:文本的内涵被转变成富含寓意的线条

小夜曲(1882)
维也纳,维也纳博物馆(位于卡尔广场)
* 古斯塔夫·克里姆特为《青年》杂志创作的设计图案。

摩拉维亚乡村的房子（1900）
约瑟夫·霍夫曼
*《神圣之春·霍夫曼集》的扉页插图。

《神圣之春》特刊附赠年历（1月插图，IV，1901，第2页）
古斯塔夫·克里姆特

标注有 A.D. 的《青年》杂志封面（1900年1月8日，第2期）
慕尼黑，城市博物馆
*含"幸运的寓意"。

H.Weiss 署名的《青年》杂志封面（1896年12月12日，第50期）
慕尼黑，城市博物馆
*含"现代性的诞生"。

和色彩，使文字与装饰渗透融合，这场深刻的图书设计改革应归功于科罗曼·莫塞尔的天才想法。从巴尔、卢斯、赫诺普夫、塞冈提尼的随笔，霍夫曼斯塔尔、维尔哈伦、梅特林克的文章以及霍尔兹、里尔克的诗歌出版设计中，我们都能找到约瑟夫·霍夫曼后来运用于墙面设计的装饰原型。

克里姆特主要在创刊第一年（1898）投入了自己的一些绘画装饰与原创设计（当时的作品有《真相》《鱼血》《嫉妒》等），后来在1900年与1901年也有少量作品参与。1901年，尽管法庭授权其可作为专业期刊发行，但第6期《神圣之春》还是因内含非议不断的《医学》草图被停发了。

1903年，由于新"风格"的时兴与委托量的猛增，以及在威廉·莫里斯（William Morris）的"艺术与工艺"精神（Arts and Crafts）（实现二者结合并解决分离派推进的美学需求问题）的鼓舞下，维也纳艺术工坊（Wiener Werkstätte）成立。这时，杂志便显得多余了。在最后一期《神圣之春》中，艺术家们宣布他们第一阶段的活动将告一段落，并对实现了奥地利艺术与欧洲艺术双向互动的目标表示满意。另一可能是"自然主义者"与人数不多但强势的"新风格主义者"之间的不和加速了停刊的进程。次年，分离派参加圣路易斯国际展的愿望落空后，他们之间的矛盾变得更加激烈，并最终在1905年导致了关系的破裂。

尽管时常存在财政问题，维也纳艺术工坊直到1932年仍然保持着活跃。这个持续时间最长的分离派组织，是分离派协会实现其艺术目标的方式之一，也引领着建筑细节、绘画、陈设与生活方式之间的绝对和谐。

"维也纳分离派创立的那段火热时期，他们把口号'致力于时代的艺术'书写在协会的旗帜上，并乐于承担当时社会的种种问题。"霍夫曼后来写道。在企业家沃恩

天使（1897—1898）
正面视图
科罗曼·莫塞尔
维也纳，奥地利应用艺术博物馆
* 彩色玻璃窗设计图。

◀ **嫉妒**（1898）
*《神圣之春》杂志插图。

真相（1898）▶
图上有谢菲尔引文："真相即火焰，真理意味着照亮与燃烧。"
*《神圣之春》杂志3月刊的设计图。

多费尔的经济援助下,他与摩尔一起创办了工艺工作室。

建筑攻占了实用艺术领地,设计着眼于细节之处。将美学融入生活是对艺术最高的神圣化,走入房间,改进用具,甚至下午茶时刻也成为一种艺术形式。艺术理念与"净化"的需求相结合,在中产阶级住宅里展现着19世纪的豪华装饰,并配置各种小摆件,比如"火药筒形状的墨水瓶,狗窝形状的烟盒"。

与"一种隶属所有人的艺术"的空洞口号相对应的却是奢华精英的艺术生产。这使得革新的理想社会愿望落空,并揭示出一种思想结构的缺失,以至于无法应对新的社会主体的出现——大众社会。但生产领域仍然比较广泛,比如瓷器、玻璃、金属、纸张、布料、珠宝等。苏格兰建筑师查尔斯·伦尼·麦金托什(Charles R. Mackintosh)杰出的创造对分离派尤其是霍夫曼产生了深刻影响,因此,与欧洲"青年风格"相比,维也纳分离派的艺术风格独树一帜:直线优于曲线,几何优于结构。方形变成了这种艺术风格的基础图形和标志,艺术家们倾向于使用简单元素以及黑白的鲜明对比,因此纯粹实用的金属网格元素也引来了无数模仿。

除了给大量的商店和公寓装饰之外,按照霍夫曼的细节设计,维也纳艺术工坊在维也纳市中心建立了一个小型的地下剧场(Cabaret Fledermaus)。酒吧墙壁上拼嵌着7000块花饰瓷片,随后进入线条优雅的灰白色大厅。剧场内色彩的使用取决于演出、场景与服饰的变换,其从1907年至1913年一直由维也纳艺术工坊负责,其间剧场一直有着频繁的歌舞表演。

维也纳艺术工坊宣传画(约1908)
约瑟夫·霍夫曼
* 上有协会实验室标志,受威廉·莫里斯1851年的"艺术与工艺"精神鼓舞,霍夫曼于1903年成立该协会。

从《神圣之春》到维也纳艺术工坊　69

维也纳艺术工坊协会内部图

用于装饰德文郡的曼布兰德大厅的瓷砖板画（1876）
威廉·莫里斯
1928年已损毁

印在包装纸和信函抬头纸上的维也纳艺术工坊的标识（1903—1910）
约瑟夫·霍夫曼和科罗曼·莫塞尔

接待与音乐厅（1901）
查尔斯·伦尼·麦金托什
* "艺术爱好者之家"内部设计图。

圣詹姆斯街 126 号墙纸单色原始设计图（1880）
威廉·莫里斯
伦敦，威廉·莫里斯画廊

俄式银制象牙茶炊（1909）
约瑟夫·霍夫曼
维也纳，奥地利应用艺术博物馆
* 维也纳艺术工坊制作。

基于工作室与霍夫曼本人的良好声誉，他们完成了两个宏伟的建筑项目：普克斯多夫疗养院（1904—1905）和布鲁塞尔的斯托克雷特宫（1905—1911）。两个工程都充分结合了分离派的设计理念，即艺术品是集体智慧的产物，引领着建筑细节、绘画、陈设与生活方式之间的绝对和谐。

但两座建筑物之间的差异性也展现了分离派的双重性以及既要保留"基本形式"又要追求"卓越的整体性"之间的平衡。装饰美感优于实用性能，奢华凌驾于简洁。

白色方形的普克斯多夫疗养院，虽然很遗憾没有保存其原始的结构与装饰，但它是霍夫曼几何、实用与装饰梦的呈现。霍夫曼设计的另一作品——斯托克雷特宫，作为百万富翁的私人住宅，是众多艺术家以及维也纳艺术工坊共同参与的成果（克里姆特设计了餐厅气派的横梁）。如今这个建筑优雅的简洁感、对细节的苛求、装饰物的贵重价值以及整体的和谐度都依然完好地保留了下来，如同美的象牙塔，体现了资产阶级生活的奢华作风。

银制小篓（1909）
银制半宝石带盖圣餐杯（1912）
约瑟夫·霍夫曼
维也纳，奥地利应用艺术博物馆
* 维也纳艺术工坊制作。

蝙蝠餐厅宣传画（1907）
约瑟夫·冯·蒂维奇

蝙蝠餐厅宣传画（1907）
伯尔托德·洛弗勒

约瑟夫·霍夫曼于 1905 年至 1911 年建造布鲁塞尔的斯托克雷特宫，作为一位工业家的私人住宅。相片存于奥地利艺术古董鉴定协会的影像档案室内。

从《神圣之春》到维也纳艺术工坊　73

克里姆特的艺术信条

1898年，克里姆特为分离派第一次展览设计了宣传画，但由于争论不休以至于艺术家不得不重新修改。第二个版本中，在雅典娜的审视下，英雄忒修斯（Teseo）杀死了米诺陶诺斯（Minotauro），但他的赤裸部位被树干遮挡。在克里姆特看来，这位解放了雅典的青年英雄形象非常适合表现斗争的一代试图将艺术从常规中解放出来的场景。雅典娜，这位圣洁与战争女神，同时也是艺术的源泉与精神动力，她被克里姆特当作绘画元素应用于杂志和发表物上，从而变成某种分离派的象征，这其实效仿了弗朗茨·冯·斯托克举办的慕尼黑分离派第一次展览雅典娜形象的亮相，而这一元素在1901年又被康定斯基（Kandinskij）运用在慕尼黑分离派协会的宣传画中。

1898年，分离派第二次展览展出的作品《帕拉德·雅典娜》（Pallade Athena）再一次引起异议。当时著名的批评家路德维希·海维斯对这一情况评价道："大众已经

维也纳分离派第一次展览海报——忒修斯和米诺陶诺斯（1898）
原版（左图）审查版（右图）
维也纳，维也纳博物馆（位于卡尔广场）

帕拉德·雅典娜（1898）
维也纳，维也纳博物馆（位于卡尔广场）
* 金色鳞片盔甲上的奖章展现了一个形状怪异的古戈尔贡画像；帕拉斯指尖抓着一位有着红色头发与私处的裸体女性。

习惯了那个能清晰辨认出是大理石雕像的帕拉德。然而，克里姆特公开展示了他心目中的帕拉德，她恍如分离主义者之一，拥有苍白忧愁的面容，双眼大而清澈，细碎的红发散落在盔甲两旁，是分离派的女神，抑或是魔鬼。"

克里姆特将女神的正面像放在方形画框中，这一点也是从冯·斯托克的作品中学到的，但是这位主人公的面容难以描述，甚至还有些类似吸血鬼。画面的背景是古希腊花瓶上的赫拉克勒斯和特里同的战争场面。克里姆特笔下的雅典娜露出不易接近的表情，这与《医学》中主宰人类痛苦的海吉雅女神以及在之后作品中出现的提着男人首级的茱蒂斯保持一致。在雅典娜的金色鳞片盔甲上方有一幅形状怪异的古

厄运（1893）
让·西奥多·图洛普
奥特洛，科伦－米勒博物馆

戈尔贡画像，如同对古老的女性权利的召唤，这个令人不安的细节也引来了许多批评。这幅画作不仅是艺术自由的标志，也是克里姆特"致命女性"系列的首次露面。

在原本尼姬（雅典娜的从神）的位置上，即雅典娜的手中，立着一位裸体女性，这"栩栩如生的雕像"的头发与私处都是火红色的（《启示录》中巴比伦娼妓的颜色），其双臂延展的姿势仿佛说明自己是阿施塔特（Astarte）女神的祭品：在分离派想表现的精神中，雅典娜展露出一种"活着的艺术"，通过克里姆特的研究，她是一种情色而迷人的生物。情欲盛会于画上展开，女性充当着自己宇宙中强大的统管者。

微妙的裸露、头发的颜色、手中的反光镜以及脚边如浪潮般的浅蓝纱幔，在这

克里姆特的艺术信条 77

◀ **帕拉德·雅典娜**（1898）
局部
维也纳，维也纳博物馆（位于卡尔广场）
* 背景展现的是赫拉克勒斯和海之信使特里同之间战争的场面。

▶ **女人头像**（1899）
费尔南德·赫诺普夫

▶ **蛇**（1880）
马克斯·克林格尔
* 来自组图《夏娃与未来》。

些相同元素上，增添的蛇的形象成了次年创造的作品《赤裸的真理女神》（*Nuda Veritas*，又名《真相》）中的主角。这幅画描绘了现代的阿弗洛狄忒，暗喻着人类被社会公德与法则限制的最隐秘的欲望。

这幅作品是为赫尔曼·巴尔《分离派门徒》（*apostolo della Secessione*）的作者的工作室所画，草图在1898年3月的《神圣之春》杂志上就已经出现了。画顶部的文字从谢菲尔的"真相即火焰，真理意味着照亮与燃烧"换成了席勒的话："如果你不能用行动与艺术取悦大部分人，那就去取悦少数人吧。取悦大众并非好事。"

在两块镀金板之间最醒目的就是飘浮在裸体的真理女神身后的蓝色纱幔，它微微飘动，引起水波荡漾。

克里姆特的艺术信条

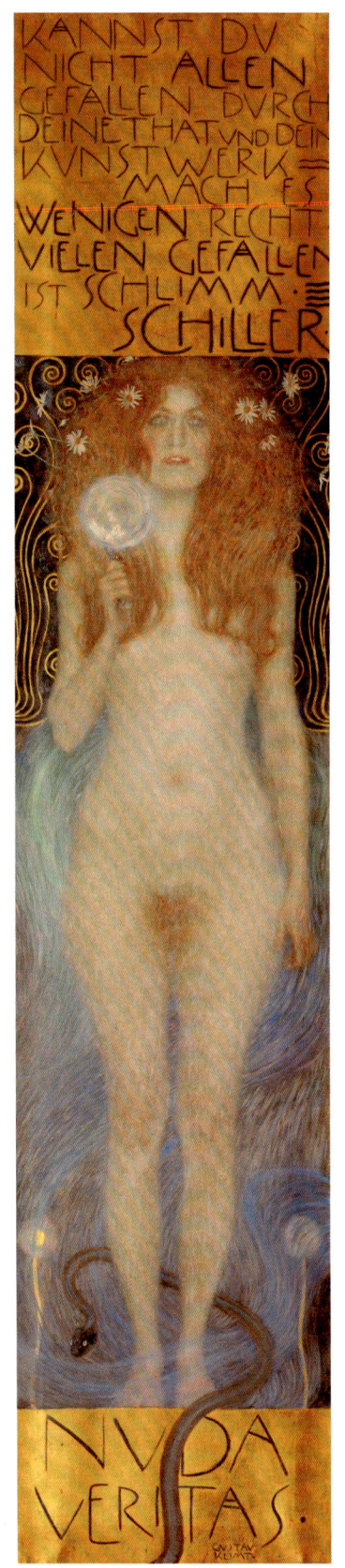

真相（1899）
全图和局部
维也纳，奥地利戏剧博物馆

画面下方有两朵蒲公英，只要有一缕微风，它们的茸毛就飞遍各处，这也象征着新思想的快速传播。在传统肖像画里，镜子与蛇的同时出现代表着谨慎，不过在1880年克林格尔（Klinger，分离派创始人之一）的画中，二者被用来表示夏娃的原罪。另外，镜子也是19世纪末象征主义的核心主题之一。除了自恋的纳西索斯，道林·格雷（Dorian Gray）也是一大原因。正如在奥斯卡·王尔德（Oscar Wilde）的著作《道林·格雷的画像》中，镜子可以隐藏或揭露那个秘密的"我"，对镜自赏实际上是抛却身处社会的假面，认识内心深处的真相。如果说蛇是智慧与欲望的象征，那么真理女神拿着的面朝大众的镜子，既是潘多拉的魔盒、心灵的工具，也是危险的诱惑，折射出意识中隐藏的内容。在克里姆特看来，"真正的艺术"是对欲望的表达，不用惧怕社会条条框框的反对。理解他的受众变少了，这也呼应了席勒所说的"无须取悦大众"。

在《真相》这幅画中，凝聚了克里姆特对艺术作用以及情色美学意识的思索，这是他在绘制学院组画时的构思。这种视角在某些方面与西格蒙德·弗洛伊德（Sigmund Freud）的理论十分吻合。次年（即1900年），弗洛伊德的精神分析学著作《梦的解析》（*L'interpretazione dei sogni*）出版。

金色的诱惑

克里姆特画中掌权的女性披着金色斗篷,身处贵重珠宝与新教圣像之间,但这种"女性崇拜"也包含了自身的怯懦和臣服。从1901年的《茱蒂斯I》(Giuditta I)开始的对"致命女性"的赞颂,标志着克里姆特"黄金风格"时期的开始。1909年另一版本的《茱蒂斯II》(Giuditta II)也成了杰作。

对克里姆特来说,作为金匠的儿子,黄金是童年闪光的回忆,也是永恒的王族专属物。也许正是在最初启蒙他的作品——马卡特1868年的《当代情人》(Amoretti moderni)中,克里姆特意识到了金色在装饰中的重要作用。一开始他只把金色运用在《爱》与《演员约瑟夫·莱温斯基肖像》的边框中,后来在《音乐寓言I》与《音乐寓言II》(1895年和1898年)中,金色开始作为背景或是装饰要素出现,最终它成了克里姆特作品中最重要的组成部分。

"黄金风格"的独特性不仅仅指的是在金箔纸上对纯金的大量使用,还在于它在绘画中承担着结构性作用。事实上,如同拜占庭的镶嵌艺术一样,克里姆特试图运用金子来折射现实,将图像通过黄金永久保存。这一技法让我们联想到了真蒂莱·达·法布里亚诺(Gentile da Fabriano)。

西奥多拉皇后和群臣(约540)
局部
拉韦纳城圣维塔莱教堂南侧

▶**朱蒂斯 I**（1901）
局部
维也纳，奥地利美景宫美术馆

东方三圣来朝（1420—1423）
《巴尔达萨雷》局部
真蒂莱·达·法布里亚诺
佛罗伦萨，乌菲齐美术馆

　　黄金从来都不只是充当简单的背景，它的明暗特性能调节画面中平面与立体部分的关系。

　　为了深入研究马赛克工艺技法，1903年，克里姆特两次去往意大利拉韦纳（Ravenna）。这两次令人振奋的经历也给正在创作《法学》的克里姆特许多启示，他更加认识到贵金属与镶嵌物的艺术价值。同年，当这幅作品被展出时，批评家海维斯（Hevesi）在众多嘲讽声中为克里姆特据理力争，他在金子的闪光中看到了来自遥远中世纪的马赛克工艺的回响。"他的画沉浸在一片肃穆的半明半暗中，而金子闪耀着火花，我仅仅看了一眼，就受到了很大的震撼。原有的色彩仿佛蒙上了一层黄昏的薄纱，金子闪耀得更加灿烂。突然间，我明白了一

◀爱（1895）
局部
维也纳，维也纳博物馆（位于卡尔广场）

演员约瑟夫·莱温斯基肖像（1895）
维也纳，奥地利美景宫美术馆

▲**在希律王面前跳舞的莎乐美**（1876）
局部
古斯塔夫·莫罗
洛杉矶，阿曼德·哈默艺术博物馆和文化中心

◀**莎乐美**（约1906）
弗朗茨·冯·斯托克

件事。我从西西里回来不过四天，还带着对马赛克工艺的狂热眷恋，而当我站在克里姆特的这幅作品前时，脑海中浮现了中世纪古老的黄金世界，璀璨闪亮，从那儿溢出微笑，神秘的玫瑰也泛着金色……这让我感觉那些金色都明亮起来。在过去十年的绘画狂欢里，这种新风格是被压制的，

它的色彩与形式更加庄重，具有宗教性。"

在《朱蒂斯Ⅰ》中，女主人公拥有如兰花般的红润躯体，金子的运用也深刻地表现出千年以前经典的"致命女性"形象。在克里姆特的想象中，她代表了那个时代的情欲幻想。这样的"红颜祸水"形象其实由来已久，在此之前已有潘多拉、莉莉丝、

高潮（1894）
奥博利·比亚兹莱
* 为奥斯卡·王尔德英文版《莎乐美》所作插图。

舞女的奖励（1894）
奥博利·比亚兹莱
* 为奥斯卡·王尔德英文版《莎乐美》所作插图。

美杜莎、喀耳刻、海伦、美狄亚、伊西斯和阿施塔特的故事，但在现在的工业城市化时代，在这个追求速度与变化的世界里，莎乐美以舞咳使取人首级的形象深入人心，她在古斯塔夫·莫罗（Gustave Moreau）的画作中，在惠斯曼（Huysmans）的书卷中，在比亚兹莱的线条中，在理查德·施特劳斯（Richard Strauss）的音乐中频频出现。不管在"陈旧的想象"里还是"现代的思考"中，女性的魅力愚弄着自满的实证主义者，让世间男子为之倾倒，被欲望支配。金色体现了那个时代被美化的厌恶女人的假象，同时暗示着一场难以磨灭的久远记忆的回归。

金色的诱惑　89

茱蒂斯和其他女性

"在读茱蒂斯的故事时,我妒忌英勇的何乐弗尼大将能被那位绝世女子用剑斩下首级,我羡慕他那血腥而美丽的结局。"1870年,《穿皮衣的维纳斯》(*Venere in pelliccia*)中的男主人公塞万宁曾这样说。该书的作者是利奥波德・冯・萨克-莫索克(Leopold von Sacher-Masoch),他的姓氏体现了一种与病态欲望对应的反常心理,这种心理也侵袭着世纪之交的文化。

当克里姆特1901年画下第一版《茱蒂斯》的时候,他脑海中浮现的并不是这位女英雄在《圣经》中的崇高事迹,而是萨克-莫索克小说中与女斩首者相似的主题。当时弗朗茨・冯・斯托克和卡尔・斯特拉斯曼这样大名鼎鼎的艺术家在表现他们心目中的茱蒂斯时,也没有选择描绘她优美的舞姿,而是着重刻画了这位女剑子手注视着砍下的头颅的场景。

在当时人们的想象中,两位圣经中的女性形象(茱蒂斯和莎乐美)是重合的。在奥斯卡・王尔德的剧本1892年大获成功后,跳舞女郎莎乐美(Salomè)便名噪一时。在这之后,尽管克里姆特在画框上镌刻了"茱蒂斯"的名字,但还是常常被称为"莎乐美",1911年《艺术》(*Die Kunst*)杂志刊登的时候也出了这样的差错。"这个女人面容忧愁,性情古怪,拥有颓废的金色眼睛,眼神中透露着对亲吻血淋淋的头颅的渴望。"这是王尔德描述的莎乐美,她的前身是福楼拜1877年(Flaubert)出版作品中的"希罗迪娅"(*Erodiade*):这个莎乐美取代了母亲的地位,拥有深褐色毒辣的眼睛。画家古斯塔夫・莫罗也极其迷恋莎乐美。1876年,他在沙龙上展出两幅相关主题的画作,并得到了惠斯曼的欣赏。之后,莫罗继续以这个魅惑的美人为题创作,直至临终的那天他还向朋友宣布,他为莎乐美找到了一种装饰的新纹织,还把轮廓描画在了床单上。

其实更早之前,这个圣经中的跳着舞的女人在莫罗的作品中就已初见端倪,他在1865年已创作出《捧着俄耳甫斯头颅的少女》(*Fanciulla tracia con la testa di Orfeo*),作品描绘了少女与俄耳甫斯之间充满爱意的无言对话。"一个女人会渴求她不爱的男人的头颅吗?"浪漫主义诗人海因里希・海涅1842年在《阿塔・特罗尔》(*Atta Troll*)中自问道。19世纪末,在受虐色情狂的标签下,阉割情结反而愈演愈烈。在惠斯曼的小说《逆流》(*Controcorrente*)中,主人公德斯・恩塞因特深陷于莫罗画中的"蛇蝎美人"莎乐美,"她是淫欲的象征,是成魔的女神"。在接连不断的文学与视觉艺术的互动中,这些作品无疑都成了接下来一系列刻画色欲美人的蓝本和范例。

其中，插画艺术家比亚兹莱的创作独树一帜。1894年，在为王尔德的文本绘制插图时，他放弃了莎乐美用金箔制成的虚华服饰，仅用一件披风裹住她的身体，笔触似刀刃一样锋利尖锐，而装饰让人不由得想起1887年诗人拉弗格（Laforgue）作品中外衣肩部绣着孔雀翎毛花纹的莎乐美。起初，偏好莫罗的拜占庭风格的王尔德，并不承认那尖锐的笔触与紧迫的压力感能够表现出与生俱来的娇媚尤物。这个角色后来由女星莎拉·伯恩哈特（Sarah Bernhardt）在巴黎舞台上扮演，她在生活中也是实至名归的"致命女性"，1880年，她为自己打造了一个吸血鬼式的青铜像——长着女人面孔的蝙蝠（当时人们认为这是莫罗的创作之一）。她的崇拜者洛兰说："古斯塔夫·莫罗笔下的谜一

捧着俄耳甫斯头颅的少女（1865）
古斯塔夫·莫罗

花园里的莎乐美（1878）
古斯塔夫·莫罗

显灵（1876）
古斯塔夫·莫罗
巴黎，罗浮宫，形象艺术馆

恶魔私处的美德（1888）
费里希恩·洛普斯
巴黎，罗浮宫，绘画展览示室
* 为约瑟夫·佩拉丹《感情的开始》扉页所作的设计图。

孔雀披风（1894）
奥博利·比亚兹莱
* 为奥斯卡·王尔德英文版的《莎乐美》所作插图。

样的莎拉是缪斯女神的姐妹，她捧着俄耳甫斯的头颅，仿佛是从名画中走出来的身材姣好、被血玷污的莎乐美。"

1905年，王尔德的剧本在德雷斯达首演，这也给为其谱曲的作曲家理查德·施特劳斯（Richard Strauss）赢得了声誉。同时，莎乐美系列的作品开始铺天盖地地出现。1893年，马克斯·克林格尔雕刻了大理石斯芬克斯像《新莎乐美》，她的琥珀色的眼睛看起来深不可测，像一位冷酷无情的暴君，在衣褶里藏着受害者们的头颅；在颓废派诗人阿尔贝·萨曼与瓦特斯拉的诗句中，"她是永恒的，就像永恒的大地"。马塞尔·施沃布（Marcel Schwob）在《蒙娜拉之书》（*Il libro di Monella*，1894）中，描写了寻找圣杯的莫甘娜闯入莎乐美宫殿，发现了盛着施洗约翰头颅的铜盘，虽血迹斑斑，但几世纪以来依然完好无损，之后她逐渐变成美艳杀手的故事。马拉美（Mallarmé）在长诗《希罗狄亚德》（*Hérodiade*，1896）里歌颂她的贞洁——"残酷的白雪"。他的英文译者阿瑟·西蒙斯（1897）也写下了一些诗句来描述莎乐美对血的渴望："邪恶狠毒的双眼/注视着的不是美酒/她狂热地贪恋鲜血。"

莎乐美之舞（1906）
弗朗茨·冯·斯托克
慕尼黑，伦巴赫美术馆

新莎乐美（1893）
马克斯·克林格尔
莱比锡，视觉艺术博物馆

在这些诗句中我们再次看到了比亚兹莱描绘的那个贪婪狠毒的女性形象。而1900年画家乔治·德·菲尔（Georges de Feure）仿佛想抛却成见，为他的莎乐美穿上了现代的时装：一位摩登女性仿佛购物归来，拿着她鲜血淋漓的战利品悠闲地散步。相反，1896年，在利维·杜默（Lévy Dhurmer）笔下，在那热烈而柔软的一吻里，人们看到了莎乐美的占有欲与带刺的甜美。

1880年至1890年，比利时讽刺画家费利西安·罗普斯创作了一系列女性斩首者作品，如佩有巨剑的英气的茱蒂斯，或冷笑着炫耀血腥战利品的消瘦女人。另一痴迷该主题的艺术家则是爱德华·蒙克，他的多数作品都具有现代性和自传意味。在1903年的《莎乐美的释义》（*Parafrasi di Salomè*）中，女人的头发如同吊钩一般悬挂着男人被斩下的头颅。而在施特劳斯谱曲的《莎乐美》首演之后，1906年，弗朗茨·冯·斯托克把她描绘成了一个带有东方韵味的吉卜赛肚皮舞者的形象。

和莫罗一样，对克里姆特来说，东方指的便是拜占庭。如同开启了他风格成熟期的《西奥多拉皇后》一样，优雅高贵、缀饰着金子的女斩首者标志着一种对于"致命女性"的崇拜和体面之下暗藏衰败的文化表象。焦虑的时代已经来临，恐惧凝结在瘆人的面具和富含深意的眼神里，如同

演员莎拉·伯恩哈特（照片，约摄于1863）
纳德尔
巴黎，国家图书馆

毕加索的《亚威农的少女》（*Les demoiselles d'Avignon*）中体现的不可侵犯与特立独行。

为什么克里姆特为这位绝色刽子手选择了茱蒂斯这个名字，而不是众所周知的"莎乐美"呢？显然，这位艺术家想要赞颂的是一位成熟女性的形象，而不是一个让豪杰为之放弃王权的少女。茱蒂斯自己便代表了权力，无须别人做主，她用自己的手完成罪恶，这区别于并非出于自主意识、受母亲所托行事的舞女莎乐美。毋庸置疑，茱蒂斯是自己欲望世界的女王。

在这幅作品中，人物脸部和动作的写实主义与浮华且无深度的装饰背景对比鲜明，女主人公的脸部微微后仰，仿佛处于出神状态，慵懒的眼睛半闭着，嘴唇微张，游离在一种愉悦满足的似笑非笑中，她的手还轻抚着何乐弗尼的头颅。沉重的金石颈环使她与背景连为一体，营造了一种身首分离的视觉效果，回归了被淡忘的斩首（阉割）的受虐情结。她的正面视角以及画面中盆骨以上的高度使人们把注意力集中在腹部，这让人想起了蒙克（Munch）1893年至1894年的作品《圣母》（*Madonna*），给人以一种性伴侣欣赏的视角，缩小了画中人物与鉴赏者的距离。但茱蒂斯放在身前的弯曲的手臂又表明了拒人千里的态度。

"古老的幻想"：在背景中，有古老的树木、山脉和葡萄园的景观，这是尼尼微（Ninive）的森纳申尼宫（Sennachenib）中亚述人浮雕的再现，以考古的方式展现遥远的过去，金色象征着孕育一切的大地。

"现代的理念"：她的脸蛋、发型、柔

公元前 7 世纪中叶的亚述浮雕残损部分（战争场面）
局部（北宫宝座室）
巴黎，罗浮宫
* 背景为山景的画面被分为两部分：上部是持圆盾的步兵和骑兵，下部是投石兵、弓箭手和骑兵。

茱蒂斯 I（1901）
全图和局部
维也纳，奥地利美景宫美术馆

滑的皮肤和逼真的表现方式，都留下了现代的刻印，当时的人们都把她看作常去戴梅尔糕点店和格拉本时装店的维也纳时代女性。

如同偶像一样拒人千里，但又性感得像一朵鲜活的花，茱蒂斯比其他任何形象都能更好地代表当时男人色欲幻想中的渴望、怀旧和恐惧心理。她是克里姆特的杰作之一，此前其他"致命女性"的塑造已为她的出现做好了准备。"她是古董物件里的浓缩毒药"，当时的批评家海维斯这样评价道。

当克里姆特的"黄金风格"正走下坡时，"茱蒂斯"的主题再次回归，这次她如同一个表情严肃的配角，不喜不忧。在 1909 年的版本里，作品的长度被延伸，装饰更为夸张，金色仅仅占了背景的小部分装饰处，而彩色的拼接布与装饰占据了大半画面。女主人公的身体向左前方倾斜了四分之三，她神情紧张，美丽的双手紧紧拽着裙子，同时也揪住了被砍下头颅的头发。包围在彩色布料中的头颅好像正在井中坠落。

没有了弥漫在第一幅《茱蒂斯》中的甜蜜与享受，扭曲的双手反映了她的痛苦心境，她试图避开与观众的所有交集。她被困陷在挂毯的纬纱中，有如笼中一只有着异国情调的鸟。

茱蒂斯 II（1909）
全图和局部
威尼斯，佩萨罗宫国际现代艺术画廊

双面缪斯女神

在维也纳，即使在歌剧中也能听到用连串的感叹来赞美女性不可撼动的地位："女人，女人，永远的神！"抑或是"没有了女人，所有的选择都是错！"相较于对女性的控制与占有话题，厌女症与女性崇拜的共存更令人们迷惑不解，这也反映了男权统治下的古老欧洲已经日薄西山。

在色彩绚丽的表象下，克里姆特的画作集中反映了他的内心矛盾，同时他尝试继续寻求调节方式——这一点没有影响到他的后继者席勒（Schiele）和柯克西卡（Kokoschka），在第一次世界大战的背后，那种破坏了资产阶级知识分子的伟大痴迷仍然存在于恐惧中。然而对克里姆特来说，希望与危险交织的母性梦境是唯一的乌托邦。为了表示对女性主义优越性的恒久致敬，他以女人为作品的中心，除了背面图，男人极少在他的画中出现，最多担当配角。但他的作品也常常表现女系社会中的矛盾与消极力量。比如1903年饱受争议的《希望I》（*La speranza I*），这幅作品用前所未有的现实主义手法描绘了一位裸体的孕妇，表现了母性与心灵的双重性，即每种感情也会有其破坏性的一面。

对于这幅画有许多不同的诠释。路德维希·海维斯是一位与克里姆特十分亲近

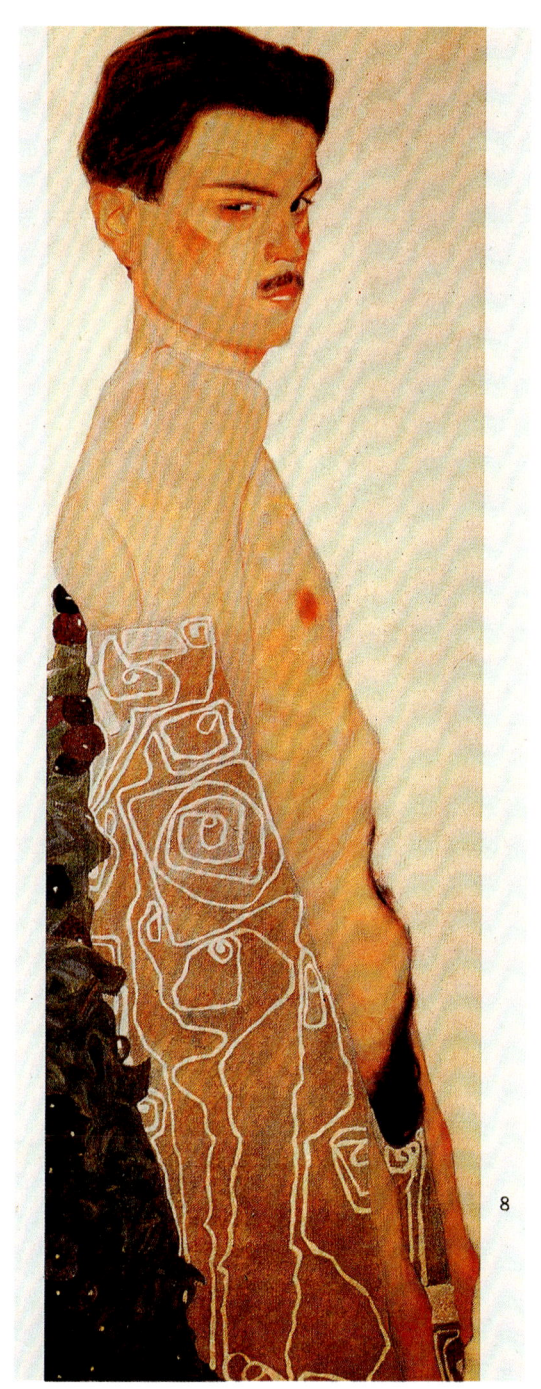

8

裸体自画像（1907）
埃贡·席勒
伦敦，马尔博勒美术有限公司

的批评家,他的意见无疑能反映部分原作者的思想。海维斯认为,这幅作品想表现的是一个受母体保护的生命,对外部世界的威胁毫不知情的场景。而制作克里姆特作品收录册的约翰内斯·杜拜(Johannes Dobai)认为,这是对维多利亚时代社会和其双重道德标准的反抗,他想赞颂世俗界限之外的母性,而画面中那些怪物代表了道德管束严格的市侩主义的危险与愚昧。

在1903年的展览上,这幅作品被审查判定为"淫秽下流",之后它便成了分离派艺术资助者、作品收藏家弗里茨·瓦恩多夫(Fritz Waerndorfer)的所有物,他把这幅作品保存在莫塞尔设计的壁橱中,只有少数亲密朋友才能一睹其风采。该画呈长方形,镶嵌着独具风格的元素和表面装饰,与刻画人物形象的自然主义形成对比。而画面左上方富于表现主义的畸变面具出其不意地出现,给年轻的席勒留下了深刻印象。非洲雕塑知识在他作品中的几次运用,也暗示了克里姆特很早便对非西方文化产生了浓厚兴趣,这种文化也让巴黎前卫艺术家们神魂颠倒。克里姆特兼收并蓄,赞赏他人的艺术表现手法(不论在何处呈现)。很多年后的1914年,他在布鲁塞尔参观博物馆时,写信给他的朋友艾米丽·芙洛格(Emilie Flöge):"史上最美的东西就是刚果的黑人雕像。它们实在是精妙绝伦、宏伟

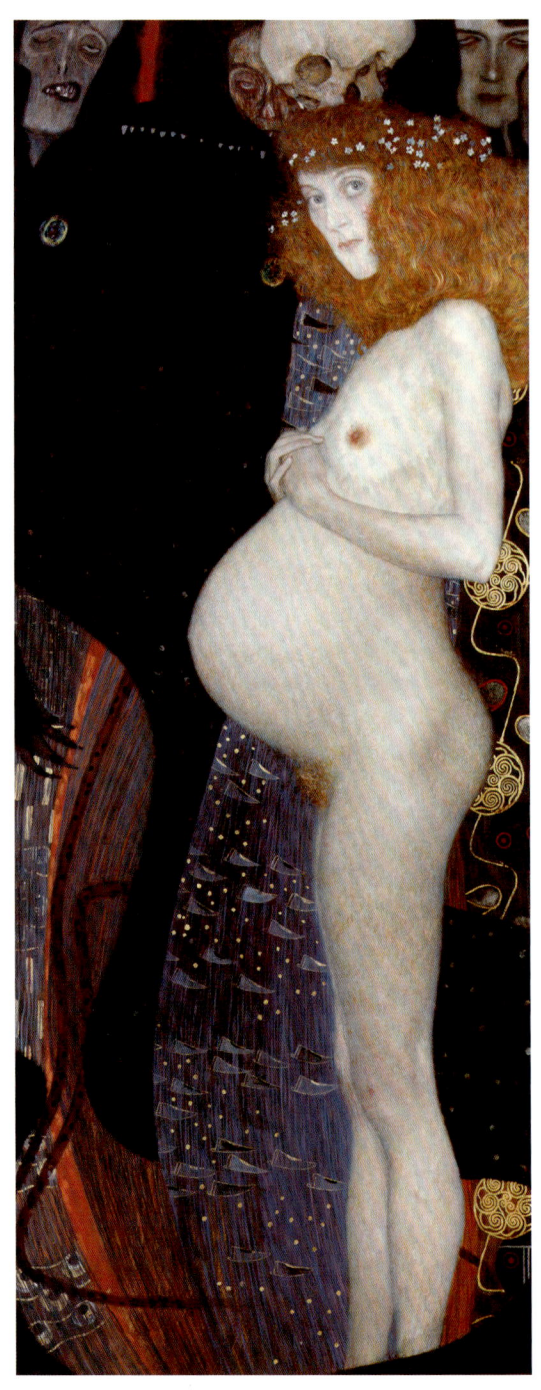

希望 I(1903)
全图和局部
渥太华,加拿大国家美术馆

希望 II（1907—1908）
纽约，现代艺术博物馆

双面缪斯女神 103

壮观，他们的方式更加绝妙，对于这一点我们应该羞愧。我大受触动。"

与《真相》一样，画中的母亲拥有一头红发，身旁有一个蛇形的怪物，那是一条龙。在荣格（Jung）心理学的深层分析中，龙代表着吞食孩子的恶毒母亲，这一点源于比亚兹莱的作品《雷诺的金子》（*L'oro del Reno*）。装饰女人头发的花环仿佛快延伸到怪物头上，影射着二者真实身份的联系。在孕妇后方的蓝纱与母龙后的红带使人联想到分娩时的水与血，上方游荡着一个幽灵和其他几个鬼怪，命运三女神齐唱无声的死亡曲，"如果世界、生活、自然与心灵同女性生产、哺育、呵护、温暖的过程一样（甚至是面对他们的敌人），"精神分析学家诺伊曼（Neumann）在他的研究《伟大的母亲》中写道，"在女人的图像中，人们能察觉到死亡与毁灭、危险与

邪恶之源（又名《虚荣》）（1897）
乔瓦尼·塞根第尼

女人的三个阶段（1905）
罗马，国家现代美术馆

需要、饥饿与缺乏庇护,它们存在于对邪恶可怕的母亲的屈从中。"

塞冈提尼的作品《邪恶之源》(1897)暗讽虚荣,属于维特根斯坦家族的维也纳收藏品之一。克里姆特与这位画家有深交,常去其家中造访,他认为画中那个拥有提香式发型的年轻女子和浮出水面的恶龙可以画上等号。这种生与死的深刻主题启发了很多艺术家,引发了许多作品的创作,比如蒙克的《圣母》(1893—1894)、库宾的《孕育》(1900—1903),以及库诺·阿密特的同名三折画《希望》(1902)。在阿密特的这幅画中,两个面露讥笑的鬼魂正恐吓着画面中心的女人和婴孩。

克里姆特重拾旧题创作出了《希望II》(1907—1908)以及许多以生命与美丽的短暂性为主题的作品。比如1905年的《女人的三个阶段》(Le tre età della donna)中,抱着孩子的年轻女性像一首忧愁的诗歌,还在为时间流逝而烦恼,而裸身老妪则完全运用写实主义,和《希望I》中的不安的裸女有些类似。过度的感伤抒情使得作品的内容有些单薄,孤零零的背景通过灰与棕的色调过渡,以及白色颗粒的提亮,使其看上去像一堵灰泥脱落的墙。同时,在画面的上部,黑色横带在左侧边缘戛然而止,延伸出一个广袤灰暗的虚无深渊。

克里姆特表现"母性"的才华在另一

◀ **伸展身体的裸女**（约1885）
弗朗索瓦·奥古斯特·罗丹
巴黎，罗丹博物馆

▼ **水神嬉戏**（1886）
阿诺德·勃克林
巴塞尔，巴塞尔艺术博物馆

幅暗色调的画中也有所显露，这幅画是在"黄金风格"短暂的危机时期创作出来的，那段时间艺术家改变了他惯常的装饰手法。在1909年至1910年的《母与子》（*Madre con figli*）中，两个孩子被包裹在母亲的外衣下，所用的棕黄色有如土做的子宫的颜色，孩子像刚刚从母亲的子宫中出来。

在《希望I》中，克里姆特将母亲的矛盾性凝结在了她棱角分明的脸和火红的头发上（《茱蒂斯I》表现的是情人的矛盾性），这些魅力女性画作的另一重要主题便是女性情色的自我满足，是一种拒绝任何解读或归类的理念，这种谜题像流水般令人捉摸不透。在女性的神话传说中，一般用水中栖居者——美人鱼或海妖——来表现她们的幸福。

这种象征主义时代兴起的伟大艺术与文学成就源于浪漫主义［描写过人鱼或海妖的有诗人乔治和里尔克、作曲家德彪西、画家伯恩·琼斯、勃克林、冯·霍夫曼、雕塑家罗丹（Rodin）和马约尔（Maillol）以及插画家克里斯琴森（Christiansen）和弗格勒（Vogeler）］。这些作品是两种观点的结合：女性是与自然结合的更基础的存在；女性的诱惑不祥而危险。水妖实际上是一种缺少灵魂的生物，就和花花草草、飞禽鸟兽一般。

在水中洞穴里，她从事一些秘密的自然活动。一般来说水妖是反面人物，代表河流湖泊的背叛者。此外，女性头发的起伏和水的流动之间的视觉类比与深远的诗意隐喻，使得主张线性图形的"新风格"十分珍视水与女人的结合。

在反复变动画作主题后，克里姆特将重心投入了另一方面：在1898年的《流动的水》（*Acqua mossa*）中，浮出水面的年轻女子们展现了女性与自然的融合，抛却了情感纠葛；在1899年的《银鱼》（*Pesci d'argento*）中，阴狠的眼神与蛇形的身体突出了这种水生生物恶魔的一面；在创作《金鱼》（*Pesci d'oro*，1901—1902）的时候，克里姆特已经厌倦了对于学院组画的无休止的争论，他暗带讽刺地将这幅画献给了批评家们，这幅画的情色引诱更加直接——海妖们挑逗、向观赏者投来狡黠而充满诱惑的眼神；在克里姆特式杰作以及对于"新风格"意义重大的代表作之一——《水蛇I》（*Bisce d'acqua I*）——中，两具相拥的女性身体在装饰的纬纱下交织缠绕，其他一切事物都黯然失色；在《水蛇II》（*Bisce d'acqua II*）中，迷人尤物们都朝着同一方向游动，被束缚在颜色不尽相同的茧里，暗示了一种极其孤独的情色诱惑与不可亵渎。这是一个液态而自我满足的世界，一间不允许男性踏足的"闺房"，在这里男人只能充当受害者或是偷窥者的角色。

流动的水（1898）

银鱼（又名《水妖》）（1899）
维也纳，中央储蓄银行

* 盘旋扭动的生物与环境完全融于一体，仿佛是融于海藻中的海藻，花中花。她们扭曲而神秘，像美人鱼般迷人、水妖般恶毒，后者缺少灵魂，像她们游于其中的水一般无情无义。

金鱼（又名《水妖》）（1901—1902）
全图和局部
索洛图恩，杜比－米勒基金会美术博物馆

女朋友（1916—1917）
已损毁

水蛇 I（1904—1907）
全图和局部
维也纳，奥地利美景宫美术馆

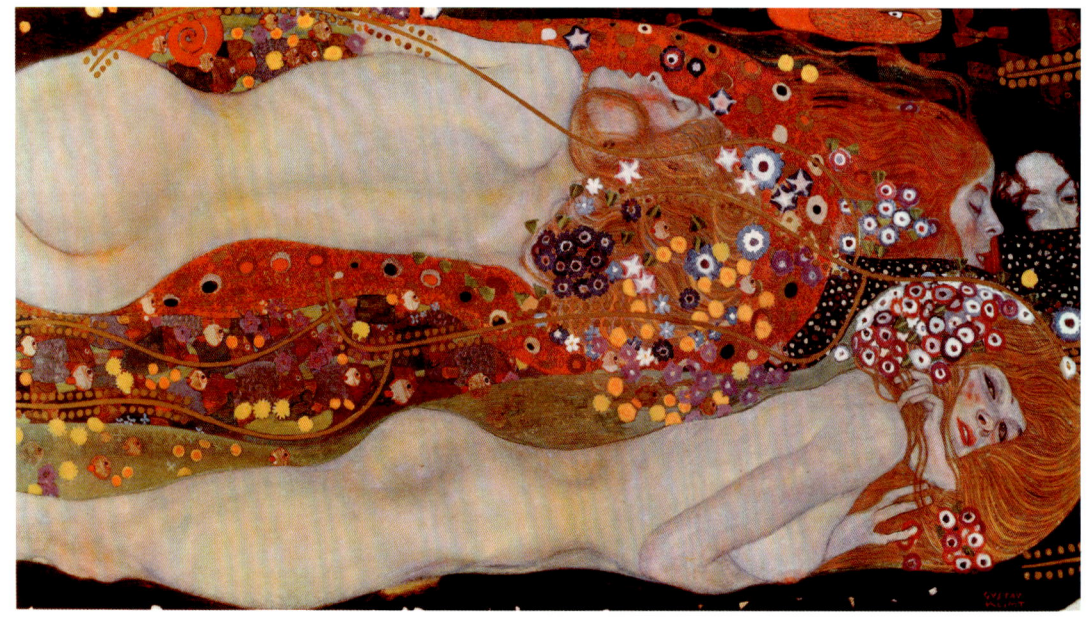

水蛇 II（1904—1907）

◀ **水蛇 II**（1904—1907）
局部

　　《水蛇 I》是水妖主题中最具启发性的版本，是一幅精致的袖珍画，在羊皮纸上运用了不同技艺（蛋彩、水彩以及金银箔等）创作而成。克里姆特的兄弟——金属加工匠乔治——为其制作了银色雕饰画框。在紧靠着的金发头颅和瘦弱洁白的身躯相拥中，这幅小小的画作将脆弱与激情相结合，表达了"变形"概念，即人类与植物形式之间的类比。

　　在纱幔边缘与躯体的轮廓之间，人物与背景影影绰绰，这也使得形状有了可变性。这是"加法"法则的胜利，画家钟爱的日本浮世绘的方形画上，每一厘米都集中了微小的象征装饰，仿佛在显微镜下的细胞组织被交由珠宝商审查。分离派学者鲍威尔（Powell）曾回忆说："克里姆特的画作与整体的维也纳装饰风格，让人想起同时代伟大的解剖学家祖克尔坎德（Zuckerkandl）关于表皮和大脑组织剖面图案的相关研究。"值得一提的是，在克里姆特的倡议下，祖克尔坎德还给部分艺术家上过课。

　　颓废派诗人与作家（如波德莱尔、韦尔伦、洛兰、史文朋、路易斯等）十分偏爱"女性间的爱"这个话题，这个主题已经折射在了早期的《两个女孩与夹竹桃》以及克里姆特其他不计其数的作品中，比如《水蛇 I》中便表现了女性之间的狂热拥抱，后期的作品《女朋友》也回归了该主题。和罗丹一样，在女同性恋主义中，克里姆特发现了了解女人性爱之谜的可能，更向世人证实了男性并非不可或缺。

　　"女人的整个身体都是性器官的附属品……女人无论在什么地方都能做爱。"1903年，维也纳厌女症理论家奥托·魏宁格用这些话语来表达他对女人的蔑视。而克里姆特在1907年至1908年的作品《达娜厄》

《达娜厄》草图（约 1907）

双面缪斯女神　117

莉达(1917)
已损毁

中仿佛表达了对这一观点的肯定,但完全颠覆了其中的负面意义。这幅画描绘女性天生柔软的身体,仿佛女性在情色上的优越性成了解决现代性异化(使人们与世界联系单一)的唯一办法。理性主义的男人置身事外,在一战中或许只有女性的形象才是唯一能保护维也纳文化的庇护所。于是这位在两个世纪以来比其他人更会展现女性甜蜜和残忍的艺术家将问题公之于众,将不同解决方案的可能性表现在女性面孔上。

《达娜厄》中不再出现"致命女性"或刽子手的形象,女主人公的身体蜷缩呈椭圆形,面色潮红,展现出她此时的欢愉,手因为交媾的刺激而微微收紧,表现了力量作用下子宫的快感。在代表神秘的金色线条被截断的地方,克里姆特加入了一个表达男性特征的标志——一个黑色的长方形,这只是在整体的曲线和谐中一个不易被察觉的细节。

达娜厄（1907—1908）

* 睡梦中美丽的达娜厄忘记了自我，突破了界限，她用尽所有妩媚，回报正注视着她的人，她蜷曲的柔软身体被一层饰有装饰图案的纱幔覆盖，暗示着舒缓而情色的气氛。下方被金色圆圈包围的黑色长方形（在克里姆特其他画作也能看到）是男性特征的象征。

女性肖像

上层资产阶级的美丽女性画像至少占据了克里姆特作品的三分之一（他的画作领域并不广）。和乔瓦尼·波蒂尼（Boldini）一样，甚至比他更优秀的是，总能在克里姆特的油画中捕捉到一种难以用言语表达的氛围，而且这种氛围往往与当时的时代背景密不可分。

克里姆特画像中的女性，往往都带有弗兰茨·约瑟夫统治末年的独一无二的维也纳女性魅力。这不仅仅是衣服或发型的原因，还因为她们自身散发出的神秘韵味，一种在外表掩饰下的温顺、忧郁与不羁。这些优雅的女性仿佛生活在一个虚拟空间里，有时她们也与熠熠生辉的众多装饰融为一体。她们属于那个城市、那个年代，但也是永恒的经典存在。

白色的和谐（1864）
詹姆斯·阿博特·麦克尼尔·惠斯勒
伦敦，泰特美术馆

穿着出自维也纳艺术工坊裙子的索尼娅·奈普斯（约1911年的照片）

索尼娅·奈普斯（1898）
维也纳，奥地利美景宫美术馆

赫曼·加莉亚（1904）
伦敦，国家美术馆

玛格丽特·史东波罗·维特根斯坦（1905）
慕尼黑，新绘画陈列馆

克里姆特和艾米丽·芙洛格在正对着画家工作室的花园里
* 二人身着源于东方灵感的宽大长袍，这些长袍是克里姆特为艾米丽在维也纳的时装工作室设计的。
维也纳，奥地利国家图书馆图像档案室

艾米丽、海伦、保拉三姐妹约 1910 年的照片
* 她们在克里姆特的陪伴下泛舟于萨里斯布尔格东部阿特湖上。

克里姆特与艾米丽·芙洛格在画家工作室的花园里（摄于 1910）

艾米丽·芙洛格身着克里姆特设计的裙子在阿特湖度假（约 1910）

艾米丽·芙洛格（1902）
全图和局部
维也纳,维也纳博物馆（位于卡尔广场）

西班牙公主玛利亚·特蕾莎（约1652）
局部
迭戈·委拉兹开斯
维也纳，维也纳艺术史博物馆

芙丽莎·雷德夫人（1906）
全图和局部
维也纳，奥地利美景宫美术馆

阿黛尔·布洛赫·鲍尔 I（1907）
全图和局部
纽约，新艺廊

克里姆特的书房（约摄于 1915）
* 内有他收藏的日本画作与瓷器。

    1898 年，后印象派和惠斯勒风格的《索尼娅·奈普斯》展示了一种之后的艺术家多次使用的构图法，即对角线构图。轮廓模糊的女人坐在扶手椅上，头上似有光环，脸朝向观众，呈现一种逼真的写实主义风格。笔记本醒目的红色，缓和了衣服粉红色的朦胧光泽与背景的黑暗之间的对比，并充当了二者之间的过渡。这个笔记本是画家送给这位年轻女士的素描册，克里姆特约有五十个，而红色的封皮是奈普斯本人装订的。除了存余的三本，其余的都在 1945 年葬身火海了。

    1895 年，詹姆斯·惠斯勒（James Whistler）的作品在维也纳展出。尽管 1900 年之前克

姐妹（1907—1908）

里姆特已经放弃了那种朦朦胧胧、飘忽不定的作画风格，但这位美国作家还是给克里姆特带来了一定的影响，尤其是他在肖像画里标志性的对灰色细致而协调的运用。

从1902年《艾米丽·芙洛格》的肖像画开始，克里姆特在作品里增添了更多精致细小的装饰，将他的肖像画中独具特色的艺术模糊效果置于次要位置，他的署名甚至也被刻在一个小方框中，成了装饰元素。芙洛格是他多年的同居伴侣，她在维也纳开办了一家时装工作室，克里姆特为此设计了很多服装，比如画中芙洛格穿着的那件。在工作室克里姆特也穿自己设计的宽大的富有东方韵味的阿拉伯长袍。

分离派式的小方形成了1906年《芙丽莎·雷德夫人》（*Fritza Riedler*）肖像画的基础图形，基本的几何学蕴含着一种简明的匀称和调和，令人想起日本浮世绘（克里姆特也是这方面的收藏家）。芙丽莎·雷德穿着轻薄的惠斯勒式裙，她坐着的扶手椅只不过是一片灰白平面，点缀着一系列波浪线和金银的波纹椭圆。通过设计这些图案的位置，克里姆特表现了椅子扶手、裙子衣褶，在芙丽莎头部后面有一个由彩色几何图形拼成的椭圆，这在1905年的《玛格丽特·史东波罗·维特根斯坦》（*Margaret Stonborough-Wittgenstein*）肖像画中就出现过，这个装饰可能是彩色玻璃窗或马赛克镶嵌，或是想给头部加上光环效果，就像委拉斯凯兹（Velázquez）画中的女人们。这个设计也有其特殊含义，像是黑色座石上镶嵌的小方块、红色背景上的蓝白小方形、虚拟五线谱上零零散散的音符，和底部强烈的蓝色形成对比。

克里姆特成熟期风格的独特性与现代性恰恰体现在他独立的装饰元素上，尽管它们也是整体不可或缺的部分。这些小小的装饰元素如同一幅幅"画中画"。

在1907年的《阿黛尔·布洛赫·鲍尔 I》（Adele Bloch-Bauer I）肖像画中，克里姆特的"黄金风格"达到了顶峰，大量装饰品的粘贴取代了以往严谨的几何图形和简明巧妙的装饰，混合着迈锡尼式金色、拜占庭风格以及优雅的"新风格"。原本展现柔软线条的裙子，变成了与扶手椅乃至背景材质一致的闪耀金属长袍。在金子的闪光和密集的方形、螺旋形、三角形、卵形的图案以及隐晦的情色符号中，喇叭形的人物轮廓影影绰绰。只有带着光泽的脸庞与紧张交叉的手避免了被"金属化"，看起来像是在镶嵌中被剪掉的部分。缀饰着贵金属的阿黛尔·布洛赫·鲍尔表现的是对于这些珠宝首饰病态的追求和对"致命女性"的极度崇拜，她端坐在宝座上，就像一位神秘莫测的神祇。然而女神的荣耀也成了她的囚室，她恍如耀眼的金属间的一具木乃伊，永远地被囚禁在了这些贵重的装饰之中，活活地被嵌在宝石美玉的墙里，就好像是画家想暗自中和那张珍珠般的脸庞所透露出来的刻薄之意。不久前，画作继承人们向奥地利政府要求归还在纳粹时期从犹太人那里没收的作品，包括这幅画，连同克里姆特1912年创作的第二张阿黛尔肖像画和三幅风景画。在1938年纳粹德国吞并奥地利后，布洛赫·鲍尔家族的财产与收藏品很快就被掠劫一空，其中不仅有数量繁多的画作，还包括400件珍贵的瓷器。有些作品收藏于博物馆，比如克里姆特的一些画作，还有一些流散在艺术品市场上。66年之后，1998年，奥地利颁发的一条法律规定，艺术品的合法所有人可追回勒索劫掠走的艺术品。2006年2月6日，克里姆特的5件作品离开了奥地利美景宫博物馆，最终回到布洛赫·鲍尔家族的手上。

《阿黛尔·布洛赫·鲍尔 I》被称为"20世纪的蒙娜丽莎"，几年之前它被化妆品巨头罗纳德·劳德以1.35亿美元的价格收购，是至2016年为止价格最高昂的画作。现在它被安置在纽约新艺廊，该美术馆由劳德创立，专门展出德国与奥地利的艺术作品。

戴帽子和羽毛围巾的夫人（1909）
维也纳，奥地利美景宫美术馆

情色画作

1967年，约翰内斯·杜拜以及弗里茨·诺沃提尼（Fritz Novotny）编纂了克里姆特的作品目录册，修订后作品总数约达230件，其中很多在第二次世界大战末遗失了。克里姆特作品约有三分之一是上层资产阶级女性肖像画，风景画不到三分之一，其余主题均含有寓意。由于其深刻的象征内涵和丰富的装饰细节，这些作品往往都需要长时间的构思。因此，克里姆特并不是一个多产的画家，而是一个多产的设计者。在着手作画前，他会创造出无数的准备稿图。以《阿黛尔·布洛赫·鲍尔》为例，这件作品的草图就达到一百来幅。克里姆特坚信，日常的铅笔作画训练能使手得到锻炼。他将工作室模特的动作与情色姿态都迅速定格在画纸上，好像要为自己的作品册书写一个并不邪恶的唐璜的故事。根据唐璜仆人莱波雷洛的计算，唐璜的情人达到了1003个，而爱丽丝·施特罗布尔（Alice Strobl）整理的克里姆特存留下来的女性作

《阿黛尔·布洛赫·鲍尔 I》草图（1）（1903）
维也纳，阿尔贝提纳博物馆

《阿黛尔·布洛赫·鲍尔 I》草图（2）（1903）

品超过了 4000 张,这也证明了克里姆特确实是 20 世纪最伟大的绘画大师之一。

当"黄金风格"的绘画被解读为庄严神圣的同时,他的艺术创作也变得越来越自由流畅,很多克里姆特的绘画杰作都出自这个时期。从在城堡剧院创作壁画的学院派时期开始,克里姆特在强调人体的立体感与光滑度方面就具有强烈的个人风格。在分离派成立以及经历了《神圣之春》的绘画尝试后,他开始研究希腊陶土作品以及日本浮世绘特征,从而形成了自己的线

《玛格丽特·史东波罗·维特根斯坦》草图
(1904—1905)

《芙丽莎·雷德夫人》草图(1904—1905)

穿白色外衣的美人（1796—1797）
喜多川哥麿
纽约，公共图书馆

《阿黛尔·布洛赫·鲍尔 I》草图（3）（约 1903）
维也纳，阿尔贝提纳博物馆

绘有雅典风格条纹和红色人物的双柄大口酒坛（公元前500—前480）
意大利，维琴察莱奥尼蒙塔纳尼宫

绘有涡形装饰和红色人物的双柄大口酒坛（公元前400—前380）
意大利，维琴察莱奥尼蒙塔纳尼宫

性风格。他吸收各类艺术源泉，并综合了分离派作画几何与简明的特点，这无疑给彰显出"新风格"的克里姆特带来了独特的个人色彩。

比尔兹利式的花叶饰与托罗普式的蛇形线条显得感性而色情，游刃有余地描绘了和谐的身体曲线和情色的震颤。

从1903年起，克里姆特开始使用铅笔（有时是彩铅）以及光滑的日本纸张。在此之前，他一直使用的是粗糙的画纸和炭笔。在蕴含着象征意义的繁复装饰中，凝聚着克里姆特绘画的张力，但在草图中，克里姆特任由这种张力挥洒流动，不注重细枝末节，旨在追求单纯的动态线条。轮廓越来越细致、有格律，线条毫不间断地从曲线过渡到棱角，轻柔得如同爱抚，有时也像低语，这些线条也只是勾勒出轮廓，而不是最终定稿。

这些素描作品的主人公一般都是全裸或半裸的女人，她们姿态慵懒，似在梦游，洋溢着色情意味。就像工作室里打盹儿或打闹追逐着的小猫们，模特们蜷缩着或是伸展四肢，她们深情地抱着同伴，在一种动荡空虚的空间里迷失了自我，将倦意和性欲毫不掩饰地展现在窥淫者的眼前。没有假面装饰，没有文学隐喻，没有装潢陈设，只有褪去的衣衫展现了最深层的渴望。

这成千的素描画雕琢着一种隐晦情色的思想，在上流社会那些美丽的贵妇肖像画中，这种思想藏在镶嵌装饰、优雅光环和手部曲线里。铅笔的线条揭开了画作中掩盖在装饰之下的纵欲淫秽，追寻着时而脆弱不堪、时而坚不可摧的女性特征的玄秘，探索着代表女性贞操的外阴，实质还是一种"唯我主义"的欲望。

在画纸上，人物的动作是如此灵动与优雅，使得追求情欲这种享乐方式甚至变

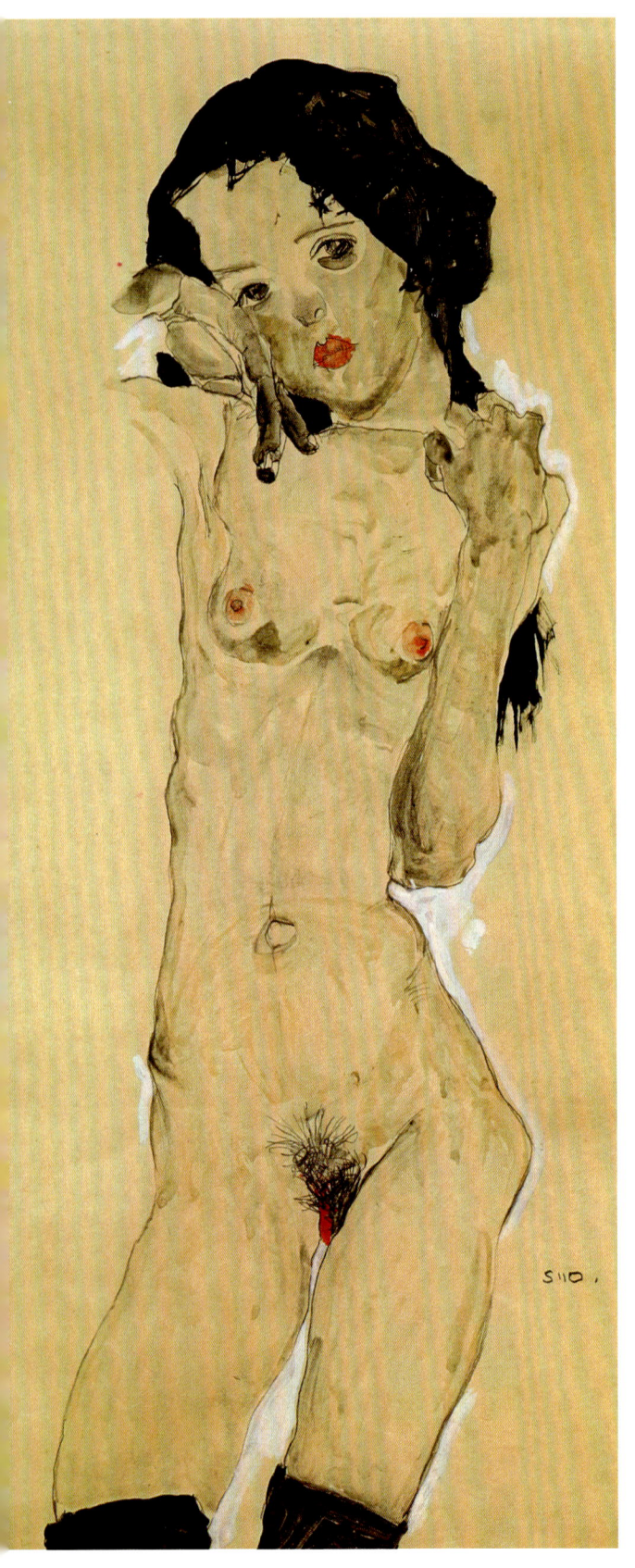

黑发裸体少女（1910）
埃贡·席勒
维也纳，阿尔贝提纳博物馆

得令人惆怅、具有诗意。在这里，性欲不是罪过，也不是疾病，只是一种特权。这种观点会在埃贡·席勒之后独特又神经质的画作里得以展现。

相似领域里表现杰出的罗丹（Rodin），在1902年参观了克里姆特工作室，那些作品令他如痴如醉。告别时，罗丹引用了法国批评家波德莱尔（Baudelaire）的话——"大胆的创作是天才的特权"，而克里姆特把功劳都归结于平日的研究和放松练习。正因为这些创作并不是为了展出或售卖，他并不担心作品的简陋粗糙，但相反这些画作最后还是被收藏者们争相抢夺。

1907年，他自选了一些作品作为新版卢西亚诺《名妓谈》（Dialoghi delle Cortigiane）的插图，但他的敷衍态度无疑造成了出版物的亏损。一般来说，克里姆特的访客都会对他工作室里画作散落一地、"任猫摆布"的状况十分讶异，阿瑟·罗斯勒（Arthur Roessler）的话可以证实这一点："有一次我去克里姆特那儿，在一堆不少于500幅的画作中翻阅，有八到十只猫在我身边喵喵叫或发出呼噜声，它们在玩闹、追赶，到处散落着作品，我惊讶地问他怎么能忍受这些完美的作品这样被毁掉，克里姆特笑着反驳我说：'这些画被弯折了一点儿并不重要，它们之间的相互摩擦是最好的固色法！'"

海女与章鱼（1814）
葛饰北斋
科隆，普勒维尔收藏
* 选自《爱情折磨》。

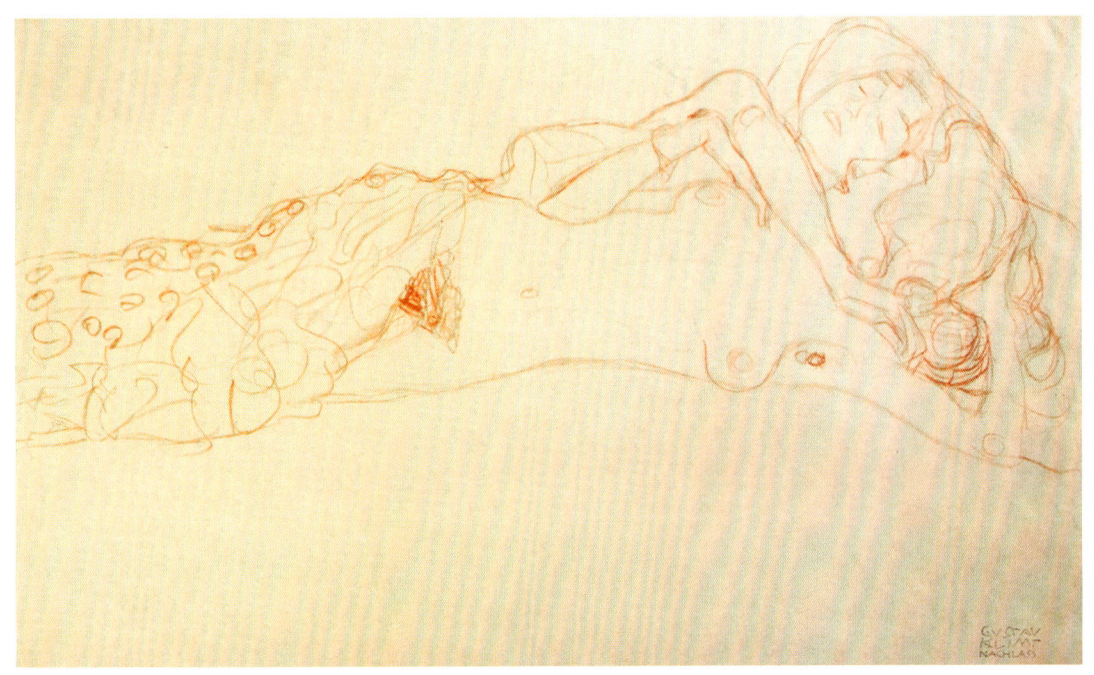

两个仰卧的裸女（1905—1906）
格拉茨，约翰州立博物馆

女朋友（1903—1907）
维也纳，维也纳博物馆（位于卡尔广场）

女朋友（1913）
埃贡·席勒

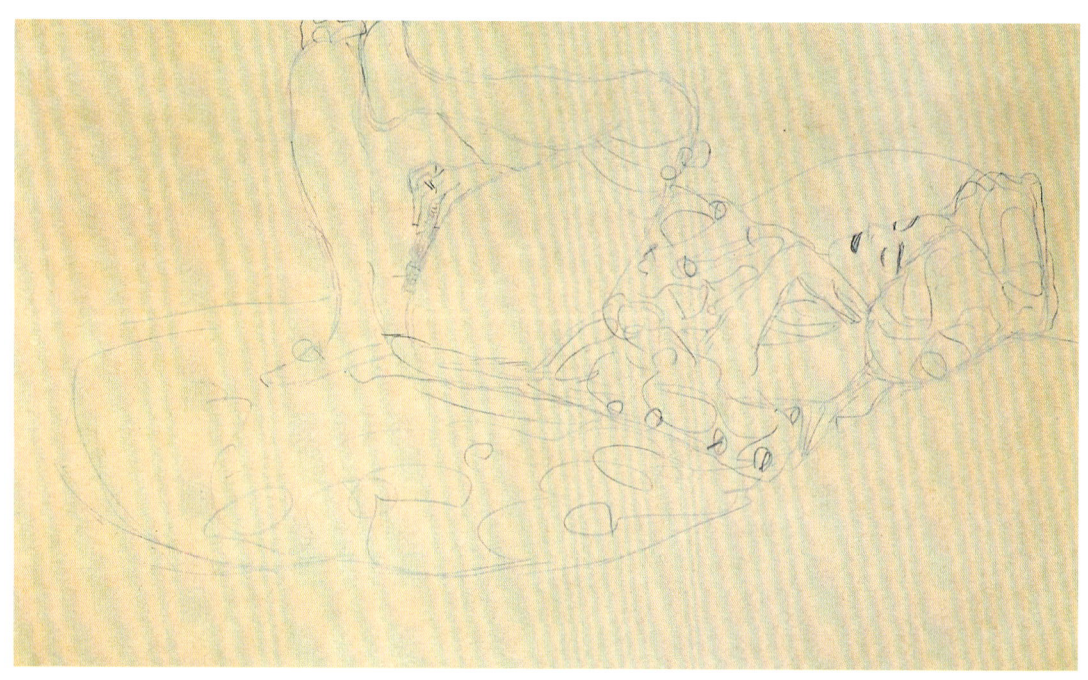

半裸的仰卧女人（1914—1915）
右视图
维也纳，维也纳博物馆（位于卡尔广场）

张开双腿坐着的女人（1916—1917）

手置于私处的躺卧女人与鸟（约 1900—1910）
弗朗索瓦·奥古斯特·罗丹
巴黎，罗丹博物馆

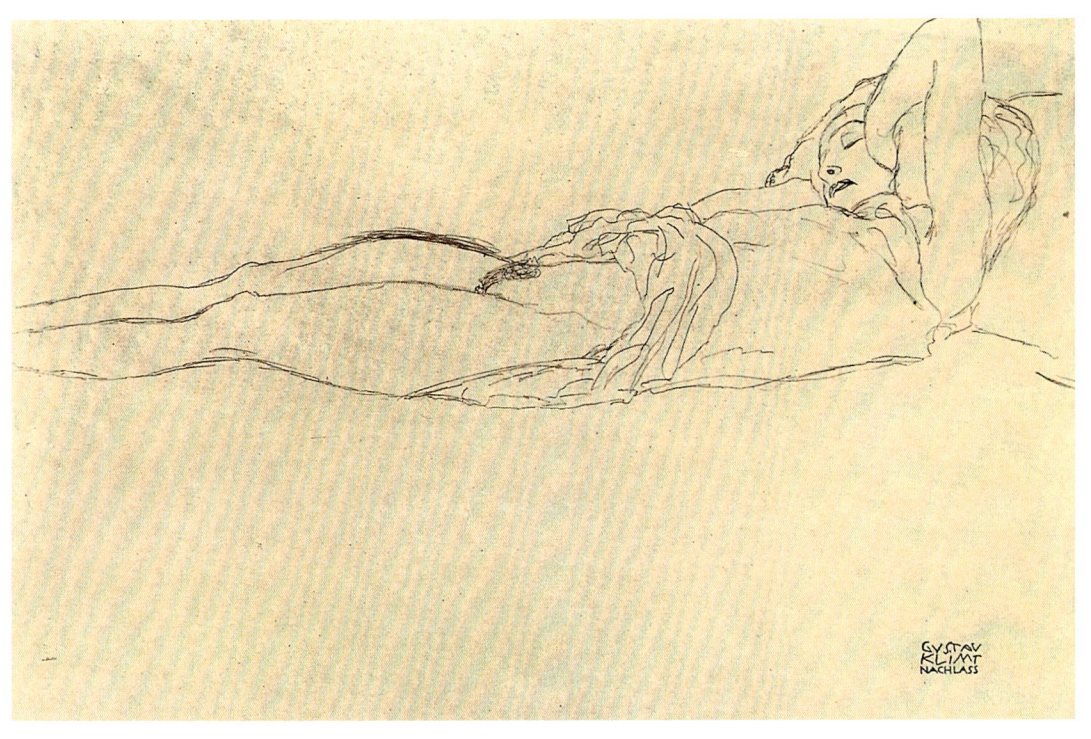

《水蛇 II》草图 和《女朋友 II》草图（1）（1907）

情色画作　145

蜷曲身体的女人（1912—1913）
维也纳，维也纳博物馆（位于卡尔广场）

《处女》草图（1）（1913）

向左侧卧的裸女（1914—1915）

《水蛇Ⅱ》草图 和《女朋友Ⅱ》草图（2）（1907）

他生命中的女人

维也纳作家阿图尔·施尼茨勒是克里姆特的崇拜者之一,1924年他创作了剧本《诱惑喜剧》(Commedia della seduzione),故事背景设在1914年第一次世界大战发生前的那段时间。在塑造剧中画家吉赛尔(Gysar)这个角色时,他代入了克里姆特在维也纳的传奇故事。吉赛尔一直在寻觅漂亮的女人充当模特,每次作画显然都是一场情欲的邂逅:他的工作室已经成了公开的情欲之地,宛如一座"齐泰拉之岛";"我的家就孤零零地在那儿,花园被高墙环绕,就像世界上一座海中的孤岛。"每个进入了他家的女人都不可避免地被卷入世俗的眼光,失去了高贵的自尊,那道围墙里的世界就像是后宫,永远有一群赤裸的年轻女人等候着画家的示意。吉赛尔给每个情人都画了两幅肖像,一幅可以公开,另一幅则是私密的。"正如柯雷乔在画伊奥时,云朵正好停在她的上方,而他就是那朵云。"

他所作的私密肖像画尺寸之大,以至于不能被外人所见,这些画还被保存在特制的柜子里。公开画中的神秘面孔对这些被画的女性来说可能是致命的伤害,会让她们脱离社会准则,甚至难以生存。

事实上,克里姆特工作室的花园位于有些偏远的约瑟夫施塔特街(Josefstädterstrasse),被围墙环绕,花园的植物茂盛而杂

古斯塔夫·克里姆特(站姿)、马克斯·林哈得(背对镜头),还有卡尔·莫尔和汉斯·普菲茨纳四人在莫尔别墅花园中的照片(摄于1905)。

克里姆特身着画家工作服,怀抱一只猫在工作室前(约1910)
维也纳,奥地利国家图书馆图像档案室

克里姆特将《哲学》的草图绘到画布上（1902）
雷米吉乌斯·盖苓

乱。一整天都会有各色模特悠闲地待在工作室里的长沙发上，聊着天或玩着情色游戏，她们愿意摆出任何姿势。维也纳也常有传言说，这些模特儿甚至愿意给画家提供任何娱乐消遣。

克里姆特的一个朋友雷米吉乌斯·盖苓在1902年曾创作过一幅近乎讽刺的水粉画，画中克里姆特正站在脚手架上创作伟大的作品《哲学》，下方一个裸露的女人正给他递上一盘茶点，另一个女人则一边和他眼神交汇，一边漫不经心地摆弄着梯子。

吉赛尔被锁起来的画作让人想起了瓦恩多夫将克里姆特非议不休的《希望I》收藏在柜子里的场景，而在施尼茨勒笔下，画家给模特创作的两幅肖像画则好像在影射克里姆特与阿黛尔·布洛赫·鲍尔之间的关系。阿黛尔是一位银行家的女儿，也是中欧最大制糖厂所有者的妻子。她是优雅的犹太资产阶级的典型代表，能勉强融入喜爱收藏克里姆特作品的维也纳上层社会。她是偏头痛患者，柔弱、优雅、极有教养。阿黛尔还培养了文学艺术的爱好，收藏瓷器和画作。她在自己极度奢华的宅邸中接待过阿尔玛·马勒、理查德·施特劳斯、斯蒂芬·茨威格和阿图尔·施尼茨勒。阿黛尔也有政治倾向，她跟社会民主党人卡尔·瑞纳（Karl Renner）私交甚好，有人甚至说他们是情人关系，后来第二次世界大战末卡尔·瑞纳成了纳粹化奥地利的第一任总统。

基于某些迹象，心理学家所罗门·格林

那个时代的照片里"世纪末的维也纳"的城市景象，咖啡店、剧院以及奢华金色大厅里的华尔兹舞与萨赫蛋糕，人们漫步街道或坐在马车里的充实生活。

那个时代人们在草地上消遣时光的照片。

他生命中的女人

伯格（Salomon Grimberg）也认为阿黛尔与克里姆特之间有过一段情缘，但这也只不过是吊人胃口的猜想。可以肯定的是，他们两人之间私交甚密，可能也有过微妙的肉体关系，克里姆特也曾拜访过布拉格附近的布洛赫·鲍尔家族城堡。

阿黛尔的肖像画是克里姆特最为贵重的画作之一，它的背景镶嵌着黄金宝玉。之后，在克里姆特风格的最后一个阶段，画中的她端庄优雅，置身于一片东方风格装饰中，娇柔的花朵在起舞，从墙壁一直延伸到地面。但这位苍白的贵妇人双手紧张地交叉在一起，身着金属长袍的她恍如一位光彩照人的女王，但她的身体看起来十分消瘦，好像衣服里藏着纸片般的躯体。格林伯格认为，阿黛尔可能就是《茱蒂斯I》中那个赤裸上半身、处于高潮状态的神秘主人公。在表现"女刽子手"的画作中，克里姆特可能也展示出了情人私密的一面，是现实与虚拟的女性结合的产物。

"他的人际关系极为复杂：情人、孩子、姐妹都出于对他的爱，变成仇敌。"在自传中，阿尔玛·马勒（Alma Mahler）坐实了画家风流浪子的不羁形象，还讲述了他对自己疯狂的追求。直至在圣马可广场的亲吻之后，这段感情很快被继父卡尔·莫尔发现并惩罚了她，那时她还十分年轻，还没嫁给后来著名的作曲家马勒。

之后的故事也被记录在了1899年的一封长信里：那时画家克服对钢笔的厌恶，给同事莫尔写了一封信，希望不要因此失去他们之间的友谊，并辩白说那只是醉酒的恶作剧。克里姆特在娶妻一事上十分谨慎，也因此逃过了成为美丽的阿尔玛众多婚姻对象之一的命运。阿尔玛后来也抒发了自己的惋惜之情："我为克里姆特流了很多眼泪，同时也醒悟了……多年以来我们有一段古怪至极的爱情约定，很多年后他也承认，我们用尽一生在寻找彼此，却从未找到。他热衷于感情用事。然而，作为一个男人，他是我当时追寻的一切，哪怕这是错误的……"

这位"风流浪子"并没在他混乱的人际关系里找到爱人，他一生都和妈妈以及两个姐妹过着中产阶级规律的生活，创作的全部激情都留在了工作室里。克里姆特不乐意打破自己的习惯，比如日常散步到蒂沃利（Tivoli）的丽泉宫吃早餐，在那里他迅速处理信件并把事务委托给他人。他不爱旅行，不常出入社交界，喜爱美食，偶尔几个晚上会在普拉特用香槟招待朋友的女伴和不相识的女性，克里姆特对他的模特情人们总是十分慷慨，她们崇拜他，还会向他倾吐自己所有的烦忧。

"他心中好似有一股痛楚时常阻止他放纵生活。"艺术史学家汉斯·蒂泽（Hans

阿黛尔·布洛赫·鲍尔Ⅱ（1912）
全图和局部
＊奥地利政府在2006年将该作品归还给原画继承人玛丽亚·奥特曼。

《少女》（米兹·齐默尔曼）草图（1893—1894）
布尔诺，摩拉维亚国立美术馆
*《弹钢琴的舒伯特 I》中绘制的少女。

玛丽·齐默尔曼（也称"米兹"）（约摄于1900）

Tietze）1919年写道，暗示了克里姆特内心深处的忧愁，这也有可能是一种神经官能症。克里姆特无疑拥有那个时代的一些共性，当时普遍的观点是：具有排他性的感情是艺术创作的敌人，女人会破坏艺术家的创造力，吸取他们的能量精力，使其不得不关注世俗之事。从莫罗到罗丹，从赫诺普夫到蒙克，为了保全梦想，这些沉迷于女性魅力的艺术家都坚持保持单身，同时也是出于不被女性崇拜控制的焦虑与担忧。

人们只能猜想，那些委托克里姆特作肖像画的贵妇们应该和他有着十分亲密的关系。比如送给画家一系列红皮笔记本的索尼娅·奈普斯，以及拥有他藏画数量最多的瑟琳娜·莱德勒（Serena Lederer），在克里姆特去世后，她没有询价便买下了200余幅作品。关于他和阿黛尔·布洛赫·鲍尔之间，可能有一些蛛丝马迹，但无法核实。在私人生活中，克里姆特鲜少用信件，比较保守。此外，画家钟情的那些女人都带着浓重的时代气息，以此为准，能更加领会维也纳女人不同类型的美：那些上流社会消瘦的贵妇，看起来就像分离派装饰中的一件珠宝，或是带着东方韵味、五彩斑斓背景中盛开的花；而郊区那些早熟的少女，克里姆特赋予了她们海妖般的魅力，她们的形象有近有远，好似想象中的幻影。

但甜美的米兹·齐默尔曼（Mizzi Zimmermann）不是幻影，她是克里姆特《弹钢琴的舒伯特 II》背景中年轻梦幻的金发女子。多年来，她默默等候着他。尽管可能正是这个为画家生育了两子的女人（克里姆特逝世后留下了14位子嗣）启发了他创作孕妇形象时的灵感，但她过于真实朴素的形象使她没能出现在他之后的画作中（《希望 I》中孕妇的原型也不是米兹）。克里姆特供养米兹，也陪伴孩子们一起成长，还给早夭的小奥托作了一幅画。当他要远行时，会定期给米兹写简短而充满爱意的信件，告诉她创作过程中一些有意思的事。

独立女性艾米丽·芙洛格也不是作为幻影出现，她是克里姆特一生的伴侣与知己，也是他临终前唯一愿意接近的人。克里姆特很早就认识艾米丽，事实上她是他弟弟恩斯特的小姨子。恩斯特也是画家，早年他们曾一起合作，由于恩斯特的猝然长逝合作中止了。在填补恩斯特留下的遗作时，克里姆特加入了一幅17岁艾米丽的肖像，从这里已经能隐约看出艾米丽坚强的个性，她的性情在1902年的第二幅肖像画里也有所体现。在这幅画里，艾米丽的眼神毫不闪躲，放在胯处的手仿佛给了她瘦弱的身子一些支撑与安全感。与女斩首者茱蒂斯相比，艾米丽给人一种高傲的距离感，但并不危险，这反而预示着平等相处的可能性。

她那件带有分离派装饰元素的长裙是克里姆特为她的高端时装工作室设计的服装之一，这间工作室1904年开办于维也纳，服务对象是城市里最光鲜瞩目的女士们，直到1938年随着纳粹分子的到来，工作室进入停业状态。这间时装工作室是按分离派风格装潢的，由维也纳艺术工坊负责，家具由霍夫曼和莫塞尔设计。一位是伟大的男性画家，一位是杰出的女性时装设计师，他们之间形成了一种坚固持久的关系——即使没有发展成同居伴侣，但从平日的信件往来和照片中显示，他们每年通常都会在阿特湖共同度过假期。在那里，克里姆特还穿着他的阿拉伯式长袍，那既

艾米丽·芙洛格（1891）

艾米丽·芙洛格,1910年摄于她的高端时装工作室。这家"芙洛格姐妹"在1904年开张。

◀ **身着工作服的古斯塔夫·克里姆特**（约1912）
埃贡·席勒

▼ 艺术家穿着自己设计的阿拉伯风格长袍。

克里姆特和艾米丽·芙洛格泛舟于阿特湖上。

克里姆特1907年拍摄的艾米丽·芙洛格,她身着画家设计的柔软长裙。这条分离派风格的裙子带有几何元素图案。

艾米莉从小便认识克里姆特,她是恩斯特(克里姆特的弟弟)的小姨子。她意志坚强、性格独立,是克里姆特终生的伴侣与挚友,是画家临终前唯一愿意接近的人。

是他的工作服也是常服。艾米丽飘逸的轻薄长裙上绘有格纹图案，这些分离派的几何图形也与进步主义者对于"时装革新"的需求相一致。

照片里两人好像在表现他们对时下流行的服饰改革的赞同，几乎像在拍广告。这场革新起源于1880年前后的英国，同期还有提倡废除束胸和腰封、追求女性服饰最大舒适性的女性解放运动。这正如他们所倡导的：找回支配自己身体的权利，解除框架的束缚，同时也寻求男装休闲化的可能性。

第一次世界大战结束后，这股前卫的时尚之风开始传播，而那些年在瑞士阿斯科纳小镇（Ascona）兴起的乌托邦社会也以此设计了他们有辨识度的会服。在"真理"之山上，成员们穿着长袍，以情爱至上、实行可能的母系制度的名义，共享私人财富，主张爱情自由。

这些自由主义的会服也是一种标志，他们的主题与古斯塔夫·克里姆特以鲜艳色彩来掩盖的东西是一致的。尽管并无理论证明和刻意抗争的举动，画家也无须再说明他对这些主题的赞同，因为他的"真理"之山已经隐含在他的画作之中。除了克里姆特的逸事，只有他的作品能明确表明他对母权的渴望。"所有该知道的关于我的一切，都在我的画里。"这是他罕见的公开声明之一。

古斯塔夫·克里姆特亲笔写给艾米丽·芙洛格的由维也纳艺术工坊制作的明信片，签署日期为1908年7月7日，画家写道："缺少花的原因是什么呢？明晚我将去慕尼黑，住在四季酒店。致以亲切的问候，古斯塔夫。"

他生命中的女人

风景画

克里姆特直至创作成熟期才开始接触风景画。在艾米丽·芙洛格的陪伴下，1900年至1916年的夏季他都在阿特湖（Attersee）宁静的湖光水色中度过。这时他艺术风格的转变已经完成，以画面的流动美感取代画面节律性的分割，以神秘的景深取代模糊的二维空间界定。

他的风景画有55幅，但并未留下草图。克里姆特采用户外作画的形式，把画架立于树林或小船上，剩下的部分则留到维也纳的工作室继续完成。这些画和印象派的草图全然不同，他没有运用瞬息的光效或自发的生长来赞颂自然之美。相反，克里姆特偏爱于记录一种不定的时间静止：放大的近景占据了整个画面，被平静水面波光的反射和垂直的树木填满，水平面的位置很高，甚至方正的形状也渲染着宁静的气氛。风景里完全看不到人的踪迹，就像一道禁止跨越的围墙，视线无法超越那道与边缘相连的地平线以外的地方。观赏者的视野被局限在一小片区域，仿佛是透过被定格在某点的望远镜中所看到的风景。眼睛聚焦在细节上，直至使它成为一个奇妙的瞬间、思索的对象或者隔绝的幕布。

正如克里姆特在1903年8月给米兹·齐默尔曼信中说的那样，他经常用随身携带的象牙薄板上面的方形小框来观察风景，从而检验其绘画景观的真实性。"在这里逗留的前几日我并没有马上开始工作，偷偷懒，翻翻书，学习一点儿日本艺术，用我的'取景器'搜寻风景画的主题素材，但找不到几个，甚至根本就没有。"

白天根据时间变化和天气状况，他会同时创作多幅画，这一点在他写给爱人米兹同时期的另一封信里也有所体现。

"早上我起得很早，大约六点。如果天气很好，我便去附近的树林，画阳光下被针叶树挡住的小山毛榉，就这样一直到八点的早餐时间。之后我去湖边游泳，当然谨慎是应该的，然后再画一会儿：如果有太阳，就画湖景；如果天色阴沉，就画从我房间能看到的风景。

阿特湖古堡 I（约1908）
布拉格，国家画廊

阿特湖古堡 III（1910）
维也纳，奥地利美景宫美术馆

阿特湖森林的小坡（1917）

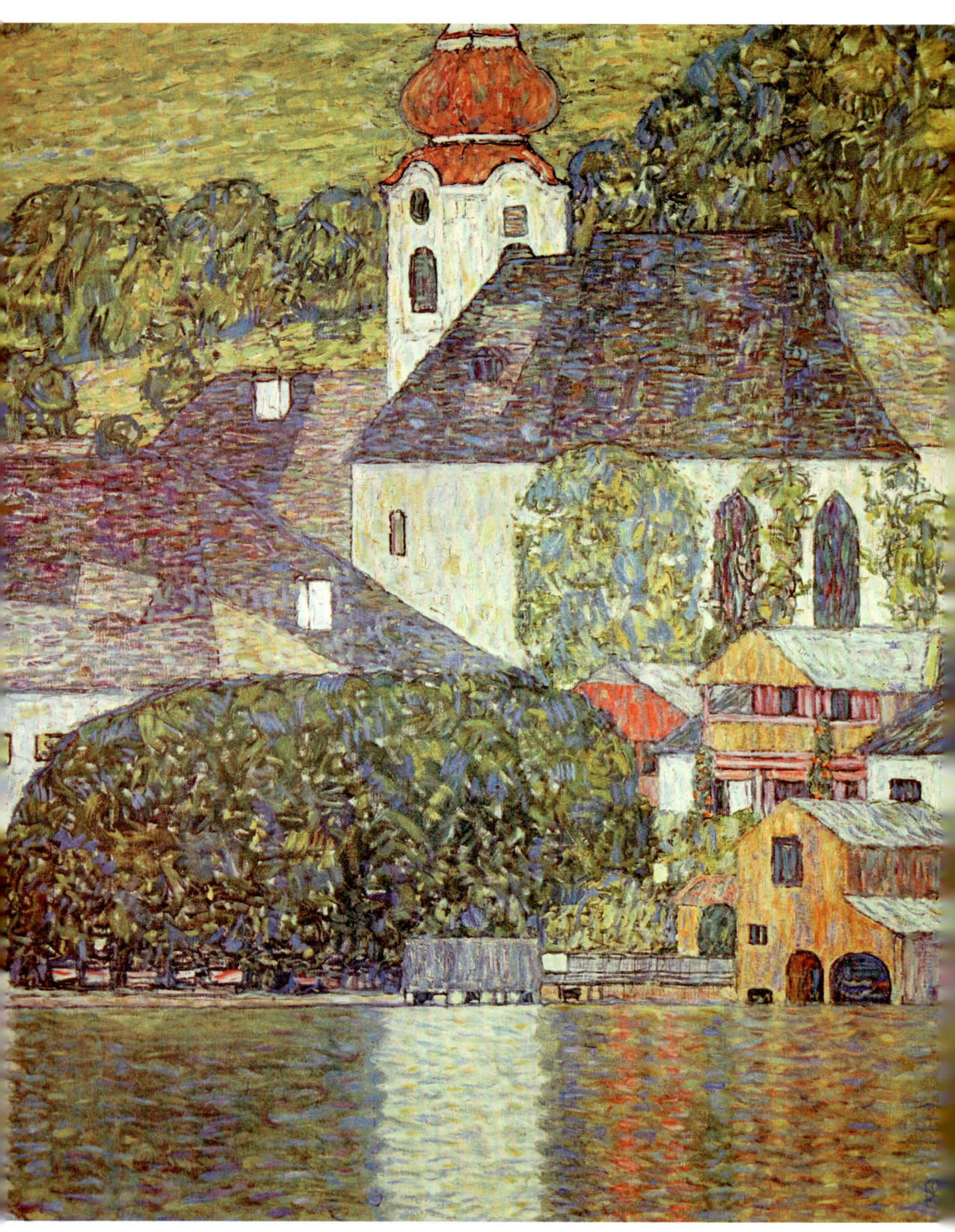

阿特湖边下温特阿赫的教堂（约 1916—1917）

卡默城堡公园的林荫道（1912）
局部
维也纳，奥地利美景宫美术馆

护林人之家（1912）

河口的帆船（约 1892—1893）
西奥·凡·瑞塞伯格
巴黎，奥赛博物馆

风景画　165

阿特湖古堡 II（约 1909）
全图和局部

翁弗勒的灯塔（1886）
乔治·修拉
华盛顿，国家美术馆

白桦林（1903）
全图和局部
* 奥地利政府将其归还给原画继承人
这片森林树干浓密而裸露，缺少树冠，树的颜色、大小和形态相似又有不同，就如同性感的女性曲线，这些高耸的树垂直而灰暗的线条与明亮的地平线相互交织又排斥，看起来波动起伏，甚至有催眠的效果。

"有的早晨我不作画，而是去户外研读我的日本书刊，这样便到了中午。吃过饭以后，打个盹或读会儿书，直到下午茶时间。在此之前或之后我会再去湖里游泳，虽不是每天都去，但也算频繁。下午茶之后我继续作画：余晖下有一棵高大的杨树，暴风雨也快要来了。"

虽然克里姆特本人强调了日本艺术作为他灵感源泉的重要性，但他的创作元素与作画理念也会令人想起赫诺普夫的一些作品。他们的作品都有一种神秘的协调

静水（1894）
费尔南德·赫诺普夫
维也纳，奥地利美景宫美术馆

十字架与花园（1911—1912）
已损毁

感,摆脱了光影变幻与四季变迁,将谜底藏于密集的笔法中。明明是近处,却像远方一样遥不可及,这样独特的视角如磁铁般充满诱惑力。他运用了附加的艺术技法,在画布上添上彩色的小块,这不单单是新印象派的作画手法,还是无数层次的混合。这种如同马赛克镶嵌的手法在克里姆特的画作里经常出现,不过这些小块更为袖珍。在这种技法里能看出乔治·修拉的影子(1903年他的《大碗岛的星期天下午》在分离派展览上展出),还有不拘小节的象征主义画家西奥·凡·瑞塞伯格(Théo van Rysselberghe)的"点画法"以及慕尼黑装饰画家卡尔·斯特拉斯曼(Carl Strathmann)疯狂的"恐惧空虚"的作画手法。

克里姆特风景画的主题有1902年《阿特湖中的岛》(*Isola sull'Attersee*)中的水,自然和心灵深处的地方——树林,它是宁静而不可或缺的圣堂,层叠并行的树干挡住了视线:1902年《山毛榉树林I》(*Faggeto I*)

克里姆特在他工作室的花园里(约1910—1912)
维也纳,阿尔贝提纳博物馆
* 克里姆特在这里汲取植物绘画的创作灵感(维也纳的约瑟夫施塔特街)。

树间的玫瑰（约1905）

中被画面上方边缘截断的树干体现了"日本风格"；1907年的《罂粟园》（*Campo di papaveri*）展现了植物的无限延伸生长；1907年《向日葵》（*Girasole*）呈人形的金字塔以及1910年《公园》（*Parco*）里色彩斑斓的密集网环。

诗人彼得·艾顿伯格是克里姆特的崇拜者，他认为正是在这些风景画里，图像、思想与情感达到了完美平衡，甚至优于那些寓意主题画。这种平衡展现了真正的维也纳现代艺术：忧郁、优雅、内心的颓废。

他在1917年写道："古斯塔夫·克里姆特，你不仅仅是一位沉思的画家，也是一位现代哲学家、现代诗人！画着画着，你如神话般忽地变成了现代先驱，尽管可能你平日并不是这样的。在你描绘的田野风景里，繁多的鲜花与一朵硕大的向日葵连接了理想主义和浪漫主义！没错，这就是此问题理想的解决方案！你创作的幽暗的乡间农舍、林间的小湖，就像是忧愁却现代的诗歌和乐曲！你的白桦林会使温柔的灵魂恸哭，它们如此孤独、优雅、忧愁！"

向日葵园（1905—1906）
维也纳，奥地利美景宫美术馆

大碗岛的星期天下午（1886）
乔治·修拉
芝加哥，艺术学院

向日葵(约 1906—1907)

山毛榉树林 I(1902)
德累斯顿,现代大师画廊

阿特湖中的岛（约 1901）

罂粟园（1907）
维也纳，奥地利美景宫美术馆

公园（1910）
纽约，现代艺术博物馆

寓意横饰带

从 1901 年至 1909 年的"黄金风格"绝妙地展现了克里姆特的寓意理念。正是在 1902 年完成的《贝多芬横饰带》（*Fregio di Beethoven*）中，克里姆特首次完整地阐释了以下概念：风格化和装饰象征的运用是表现寓意最好的工具，也是构思伟大作品的元素。

《贝多芬横饰带》长 24 米，沿三面墙展开，作画过程中使用了酪蛋白颜料在灰泥层上上色，铺上苇秆，嵌入了石头和珍珠母。这件作品是为第十六次分离派展览制作的，展览的中心展品是马克斯·克林格尔为了向贝多芬致敬而用彩色大理石创作的宏伟雕塑。这次展览被视为完整的艺术品展，展出了由霍夫曼分类的各色分离派艺术家作品，陈设空间恍如迷宫，在那儿隐约还能看到白色中央大厅中克林格尔创作的雕塑，随之还有音乐和伊莎多拉·邓肯（Isadora Duncan）的舞蹈表演。

起初的历史循环论得到进一步发展，克里姆特采用折中主义，收获了各式各样

当时的照片，维也纳分离派第十四次展览（1902），A 厅展出的是《贝多芬横饰带》，能瞥见隔壁中央大厅里马克斯·克林格尔的作品——贝多芬的雕像。

修复后的《贝多芬横饰带》最后一面墙的景象,整个环境由约瑟夫·霍夫曼为第十四次维也纳分离派展览(1902)设计,1985年建筑师汉斯·霍莱为维也纳"梦想与现实"展览(1870—1930)而重新布置,该展主要展出奥地利艺术作品。

横饰带长24米,沿三面墙展开,使用了酪蛋白颜料在灰泥层上上色,铺上苇秆,嵌入了石头和珍珠母。横饰带应在展出后被销毁,但被工业家卡尔·瑞因格豪斯收购,后来被收藏家埃里克·莱德勒买下,他于1973年将其卖给奥地利政府。由于潮湿和位置选择不当,横饰带严重受损,从1970年开始进行艰难的修复工作,最后在1986年将其重新安置到维也纳分离派会馆中。

贝多芬纪念像（第十四次分离派展览展出，1902）
马克斯·克林格尔
莱比锡，视觉艺术博物馆

《三个女性头像》草图（1901—1902）
《贝多芬横饰带》局部

《对幸福的渴求在上空盘旋》草图（1902）
《贝多芬横饰带》第二面墙局部

弱小人类的苦难（1902）
《贝多芬横饰带》第一面墙局部
维也纳，分离派会馆

渴望幸福（1902）
《贝多芬横饰带》第一面墙
维也纳，分离派会馆
* 左起：弱小人类的苦难—祈求强大的铠甲骑士—怜悯女神与傲慢女神促使他为幸福抗争—对幸福的渴求在上空盘旋。

的灵感源泉。他从希腊陶土器皿和埃及绘画里汲取经验，在墙壁上连续表现人物和内容，如同在画卷上作画；雕刻符号来自葛饰北斋（Hokusai）和喜多川哥麿（Utamaro）的浮世绘；当时收集的非洲雕塑启示了他——那些惊悚的面具代表着邪恶；在诗歌女神上不断缠绕的螺旋形源于迈锡尼文化；人物形象混合交织着迈恩、比亚兹莱、麦金塔、托罗普、霍德勒的风格。整个"新风格"文化都抒情奔放地集中在《贝多芬横饰带》上。

《贝多芬横饰带》的内容诠释了贝多芬的《第九交响曲》，而他的另一作品《欢乐颂》（Inno alla gioia）在开幕典礼上由古斯塔夫·马勒（Gustav Mahler）指挥演奏。展览目录册上简明地介绍了以下内容：

"第一面墙：渴望幸福—弱小人类的苦难—祈求强大的铠甲骑士—怜悯女神与傲

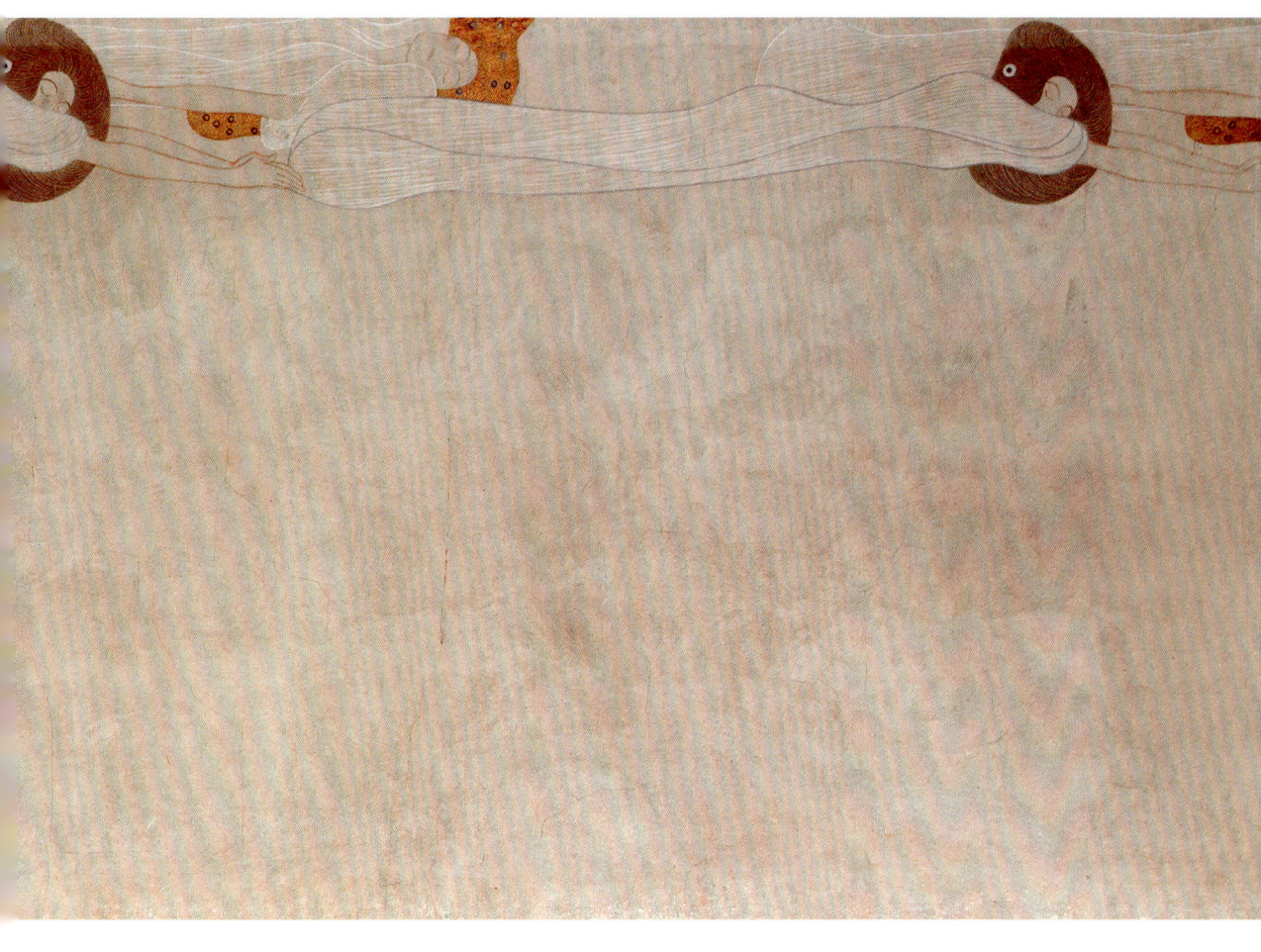

慢女神促使他为幸福抗争。

"第二面墙：敌对势力——连神都无力战胜的巨人提丰和他的女儿们——戈尔贡三姐妹—疾病、疯狂和死亡—淫荡、下流、放纵—折磨人的痛苦—对幸福的渴求在上空盘旋。

"第三面墙：诗歌能安抚对幸福的渴求—艺术引领我们进入理想王国，在那里我们能找到纯粹的欢愉和幸福以及纯洁的爱—天堂的天使们合唱着'欢乐女神圣洁美丽'—'报以世界的一个吻！'"

研究克里姆特的相关文献强调了《贝多芬横饰带》的内容与瓦格纳改编的《第九交响曲》的关联性，以及它和尼采理论中天才和苦难之处的一致性。提出建议的可能是马勒本人，他和克里姆特是很好的朋友，他的面貌轮廓也符合横饰带中男主人公骑士的特征。此外，1910年，克里姆特为了向这位音乐家表示敬意，在慕尼黑发行的出版物上重印了这个人物形象。

后来，克里姆特给横饰带的最后一面墙命名时引用了《圣经》中的话："我的王国不属于这个世界。"这事实上可以用来支撑瓦格纳的理论，因为这句话也同样出现在瓦格纳1846年研究贝多芬的文章里，用

怜悯女神与傲慢女神鼓动装备好武器的勇猛骑士为幸福抗争（1902）
《贝多芬横饰带》第二面墙局部
维也纳，分离派会馆

敌对势力（1902）
《贝多芬横饰带》第二面墙
维也纳，分离派会馆
* 左起：戈尔贡三姐妹——疾病、疯狂和死亡——连神都无力战胜的巨人提丰和他的女儿们——淫荡、下流、放纵——折磨人的痛苦——对幸福的渴求飞越敌对势力。

来强调音乐（更笼统地说是艺术）对人类的解放作用，和世间的腐败堕落形成对比。

《贝多芬横饰带》还涵盖了更深的象征层面，因为它从男女关系的角度描绘了善恶间永恒的较量以及通过艺术得到解救的渴望。在此作品里，爱情里的狂喜便是解放的一瞬间，而女人的拥抱则代表了理想国度。

从男性元素来看，强大的骑士与对墙的女性形象——诗歌女神——是对应的。她弯腰侧身，默默等待，并弹奏着里拉琴。她所弹奏的乐器呈现的"女人味"的曲线也对应着骑士装备着的棱角分明的盔甲。

为了找到诗歌女神并与她在一起，骑士需要经历一系列地狱般的旅程，战胜邪恶的力量，抵抗来自邪魅海妖们的诱惑。

　　除了两位求神者的人物形象，指引着骑士走上需要战胜的危险之路的身体的起伏波动，也带有一定的女性色彩。戈尔贡三姐妹（以及那些不知羞耻、令人恐惧的同伴）所处的邪恶世界也具有女性特色，她们的形象是对美惠三女神颇具讽刺的模仿。掌控着戈尔贡三姐妹的是猴头龙身的怪物提丰，他代表了愚钝的物质主义，而为了巩固艺术王国，马勒的化身——骑士——必须与他抗争，就像分离派首次宣传画上忒修斯战胜了米诺陶诺斯一样。

　　在希腊神话中，盖亚出于对宙斯的报复，生下了提丰。他具备龙的外形，和新艺术的保护神雅典娜是敌人，住在黑暗的火山岩洞里，也是盖亚女神危险面的化身。盖亚女神是万神之母，对她的崇拜可追溯到地中海文明的源头。

　　面对他与诗歌女神障碍重重的结合，骑士的斗争具有多重寓意，和经常出现在神话传说里与龙的抗争十分类似。

　　对英雄的考验和伊阿宋、赫拉克勒斯、圣米迦勒、圣乔治的事迹都被运用在分析心理学中，用女性天生力量和侵略性的薄弱性作为彰显男子气概的代表事例。

巨人提丰和淫荡神（1902）
《贝多芬横饰带》第二面墙局部
维也纳，分离派会馆

* 提丰是众神具有威胁性的对手，他是大地女神黑暗面的化身，猴头、龙身、蛇尾、长翅膀的怪物，住在黑暗的火山岩洞里，代表了愚钝的物质主义，骑士为了巩固艺术王国必须与他抗争。

寓意横饰带

诗歌能安抚对幸福的渴求（1902）
《贝多芬横饰带》第三面墙
维也纳，分离派会馆
* 在金色、白色与栗色微妙的结合中，里拉琴的女弹奏者（在克里姆特作品中经常出现）代表了诗歌女神。在她上方，有一些天外之物在展翼飞翔，她们用轻薄透明的裙子连起了不同的剧目。

欢乐颂（1902）
《贝多芬横饰带》第三面墙
全图和局部
维也纳，分离派会馆
* 左起：艺术引领我们进入理想王国——天堂的天使们合唱着"欢乐女神圣洁美丽"——骑士与诗歌女神深情拥抱

结尾的一幕，在种满了小枝玫瑰以及弥漫着女性气息的迷人花园中，少女们在合唱《欢乐颂》，她们是这个美好的女性空间里的圣女。如果想进入这个世界，先得毫发无损地穿过这浑浊混乱的戈尔贡之地（这片区域总是众人视线的焦点）。主人公脱掉了他的盔甲，从背面看他沉浸在拥抱里，但此时他并不像获胜的英雄，更像一个俯首称臣的情人。因此这个形象的塑造，表面上是在歌颂自由和英勇战胜了邪恶势力，实际上展现的是英雄向女性力量的屈服，代表着感性世界战胜了恐惧、理性的防御。与克里姆特一贯的艺术理论一致，在分离派圣殿的墙上饰有他推崇的阿拉伯式图案，再次证明了情欲与美学之间的协调一致。

从1907年至1908年，在为布鲁塞尔的斯托克雷特宫的餐厅设计第二面装饰墙时，画家回归到原来的主题并且精简了赘述之处。在学院组图中存在的形而上的拘束感看起来有所减弱，在《贝多芬横饰带》中迫害不稳固的乌托邦社会的恶灵也消失了。在为布鲁塞尔创作的这幅作品中，情欲的欢愉战胜了悲惨，而强烈的情绪以一些更加优雅、更为复杂的阿拉伯式图案表达出来。在这座房子里，没有给"敌对势力"

留出空间，最终实现了分离派创作一个完整艺术品的梦想。

比利时金融家阿道夫·斯托克雷特（Adolphe Stoclet）将自己府邸的设计工作委托给了建筑师霍夫曼和维也纳艺术工坊，而且没有给他们做出任何资金限制，这为实现他的梦想并使其常存提供了可能性。这座宫殿从1905年开始建造，1911年完工，大理石饰面、各种装饰物、家具、雕塑、绘画使这座宫殿的艺术气息浓厚，宛如一处圣殿，为日常生活也覆上了一层神圣感。在这里，外形的作用与之前大不相同，甚至实用品也成了为美学服务的摆设品。

在斯托克雷特宫装饰壁画上，物质主义和残余的自然主义消解了。维也纳艺术工坊在大理石板上镶嵌拼接了许多珍贵的

位于布鲁塞尔的斯托克雷特宫餐厅（1905—1911）
约瑟夫·霍夫曼（设计）
* 墙上的马赛克装饰镶嵌在古斯塔夫·克里姆特的底图上。

骑士（1908—1910）
全图
局部，第 204 页
维也纳，奥地利应用艺术博物馆
* 为短墙作的底图。

材料（11种不同品类的黄金，嵌以珐琅、珍珠母与其他金属；仅十万个花环的材料费就相当于45个工人家庭或12个高级职工家庭的年薪），装饰部分在长方形餐厅的两面长墙展开，并由一面短墙上的装饰画相连接，画上饰有模糊人形的抽象格纹元素。这不断增长的克里姆特式的杂糅中闪耀着古代的光辉。他将具体与抽象、组织与无序杂糅起来，在金属的调配中获取色彩和装饰效果。在此之前，这主要是通过绘画工具创造出来的。

克里姆特并不局限于设计草图，还与维也纳艺术工坊的工匠紧密合作，记录了每处细节。当图案被钻机刻在大理石上，他会亲手重描一次轮廓。当比利时的这件作品最终完工之时，克里姆特决定不将其向维也纳民众开放，他想让这件凝聚了其多年心血的艺术品免受世人的评头论足，因为它是工匠与艺术家们倾注全力之作。

这件作品的中心主题是"生命之树"

为《女舞者》所作的草图《期望》（约1908）
斯托克雷特宫装饰墙
维也纳，奥地利应用艺术博物馆

（L'Albero della vita），其中也嵌有《期望》（L'attesa）与《拥抱》（L'Abbraccio）两幅作品的轮廓。在《期望》中，女舞者的姿态与横向发型都体现出了埃及风格。在《拥抱》中，人物的位置以及男人朝后、头俯在女人肩上的动作让人想起《贝多芬横饰带》的最后一个场景，但这次画面的重点落在了男人由基本装饰元素拼接的披风上，旨在回想起男性与女性、精神与物质、有意识与无意识间的最原始的象征意义。珐琅的玫瑰园、猛禽和荷鲁斯神隼的装点让金树上旋涡式的枝条焕发生机，树上眼睛形状的花朵也是埃及风格的元素之一。

连接两侧长墙的那幅短墙上的画，很久以来都被视作单纯的抽象装饰元素，但克里姆特1914年5月18日寄给艾米丽·芙洛格的一张明信片（1989年由爱丽丝·施特罗布尔发表）表明，它其实很大程度上模仿了《骑士》。人物头戴白色头盔、身着彩色披风，站在格纹的踏板上。这个神秘人物的真实身份被隐藏在装饰元素中，方正的长方形透出他的庄严。在克里姆特的符号语言中，长方形意味着男性，他监管着艺术与爱情的花园，而骑士马勒最终是这座花园圣堂的看守人和伟大的教士。施特罗布尔这样写道："通过'骑士'的形象，也就是通过《贝多芬横饰带》，克里姆特想传达的是一种将生活升华为艺术品或艺术家作品的理念，而艺术家是人间天堂的创造者，这是两棵'生命之树'，即《期望》和《满足》想要表现的，而通过对禽鸟的描绘，也展现了一种脆弱性和短暂性。"

在作品强度和抒情-装饰的泛用下，爱情的结合与爱神、艺术治愈能力的主题再次回到了《吻》（1907—1908）中。这幅作品使"黄金风格"到达了巅峰，并成了"艺术展览场"的核心作品，同时也是维也纳现代主义的颂扬与绝唱之作。

▶ **期望**（1905—1909）
斯托克雷特宫装饰墙的底图（长墙）
维也纳，奥地利应用艺术博物馆

玫瑰园（1905—1909）
斯托克雷特宫装饰墙长墙的底图
维也纳，奥地利应用艺术博物馆

生命之树（1905—1909）
全图和局部
长墙的中央部分底图
维也纳，奥地利应用艺术博物馆
* 金色的生命之树被细小的装饰元素装点，它弯曲的枝条蔓延到墙面各处。多彩的蝴蝶与猛禽（荷鲁斯神隼）使大树焕发生机，还有珐琅的玫瑰园和具有埃及元素的眼睛形状的花朵。

拥抱（1905—1909）
斯托克雷特宫装饰墙长墙的底图
维也纳，奥地利应用艺术博物馆

吻（1907—1908）
维也纳，奥地利美景宫美术馆

"艺术展览场"和分离派危机

1905年,分离派内部的意见分歧变得不可调和,在少数艺术家促生了"新风格"的同时,自然主义和后印象派画家并不承认应用艺术的重要性,于是造成了协会创新人才的出走,并使他们再一次聚集在克里姆特的身边。从那以后,分离派风格开始另辟蹊径,追求更为整体的艺术,虽然不再是原来的艺术家协会,但还是保留了分离派的名字继续开展他们的艺术活动,只是成效甚微。

野心勃勃的斯托克雷特宫合作方案正是在那时开始的,这并没有影响到那些离开的艺术家,他们筹措资金,探索可用区域,建设新的临时展览馆(由霍夫曼设计),1908年组织了"艺术展览场"(Kunstschau)——一场大型奥地利艺术展,同年参加了弗兰茨皇帝在位五十周年的豪华庆典活动。次年举办了更具国际视野的第二次分离派展览,克里姆特在开幕式上致辞时说道:"我们想展示如何将生活全部融于艺术。不存在一个领域是无足轻重、不能提供艺术灵感的。"在作结语时,他说:"艺术展览场为我们提供了创造一个艺术性集体的灵感。在这堵'美的围墙'里,参观者们也成了集体艺术中的一部分,就像在瓦格纳的戏剧中,艺术在创造者与欣赏

艺术展览场在维也纳的开幕式照片(1908)

艺术展览场在维也纳的宣传厅（1908）

维也纳艺术工坊大楼的建筑设计图（为维也纳的艺术展览场设计，1908）
约瑟夫·霍夫曼
已损毁

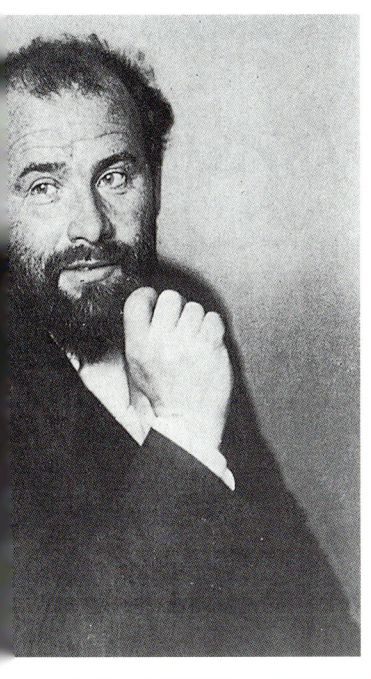  

左起：古斯塔夫·克里姆特、埃贡·席勒、奥斯卡·柯克西卡（约 1908）

者的统一中得以实现。"克里姆特还补充说："我们定义的艺术家不仅仅是创造者，还是那些懂得欣赏创造物的人，是他们的艺术敏感性使得创作行为重获新生，为艺术品增添了一种新的高贵尊严。"

这场奥地利史无前例的盛大展览（179位艺术家，54个展厅）展现了风格的兼收并蓄、整体环境的和谐，拥有相同形式上的语言、色彩的敏感度与雅致。陈列物不仅有绘画、雕刻作品，还有建筑、家具、首饰盒、扇子、珠宝、玻璃、陶瓷、宣传画、戏服、时装、儿童艺术、园艺、坟墓艺术、种类齐全的霍夫曼模型房、剧院、咖啡屋等。当时的批评家曾描述，维也纳艺术工坊将"奢华的装饰帷幕"围绕在中央展厅周围，这个展厅陈列了16幅克里姆特的画作，其中包括《吻》。这是他最后一次大型作品展，次年只展出了他的7幅作品，这也是给年轻的席勒触动最大的一次展览，指引了他今后的艺术方向。

和《阿黛尔·布洛赫·鲍尔Ⅰ》一样，《吻》这幅作品表现了一对情侣，运用了立体自然主义手法的只有他们的脸部和手部，这些部位与金色背景和情侣身上的装饰分割开来。斯托克雷特宫装饰壁画的抽象主张来自建筑环境与工匠执行的双重需要。此后，克里姆特重新确立了自然主义和抽象概念的特色，并重新阐述了自己的绘画理念：寻求一种和谐的手段，在画面不均质的部分获取一种微妙而稳固的平衡。

在蒙克1897年的《吻》中，情人拥在一起，他们的脸部仿佛融为一体，两人形成了阴暗悲伤的钟形轮廓,钟鸣也仿佛回荡着沉沦和过错的苦涩。而克里姆特画中的金色"钟形"情侣呈现了一种理想爱情的视觉形式,延长的形状与子宫呵护着的升起的梦想相呼应。同时,钟形和柱形对应着女性子宫与男性生殖器。一束光维护着男性与女性有意识与无意识间的和谐,超越了时空的界限,使其远离所有的痛苦与危险。斗争的日子已经过去,站在胜利与创造力的顶峰,克里姆特为越来越广的受众创造出震撼人心的作品,将救赎着世界的爱情故事的神秘光芒密封在黄金里。

但时代正飞速改变,或许在这繁盛中已注定了多瑙河世界的结束,这是不可避免的命运。一些历史学家,如费尔南·布罗代尔(Braudel)及在他之前的雅各布·布克哈特(Burchkardt)曾观察到:艺术的繁荣总是先行于政治的分裂瓦解。也许这正是在维也纳所发生的。当参观者们处在霍夫曼设计的艺术展览场时,他们能"清晰地感知到维也纳的宏伟、稳固及其包容性"。但在克劳斯、卢斯、霍夫曼斯塔尔以及美学家维特根斯坦看来,这只是反对依仗"一块满是裂痕的土地"的一种影射。

《神圣之春》的自我定位也越来越趋向于高端精英风格,它追求的理想世界最终与未来背向而行,变成了衰败世界倔强的矫饰。阿道夫·路斯(Adolf Loos)很早就意识到了这点,他引用萨沃纳·罗拉的口号"装饰即罪",毫不客气地攻击分离派风格,痛斥他们将实用性升格为装饰性以及不计代价地追求美的理念。

另外,焦虑的艺术元素破坏了"艺术展览场"喜人的热闹场面。维也纳艺术工坊合作者之一——年轻艺术家奥斯卡·柯克西卡——的作品被展出。在他的插图册《梦幻少年》(*I ragazzi sognanti*)中,棱角分明的符号使得分离派式构图显得僵硬。而6幅挂毯底图《梦之信使》(*I messaggeri del sogno*)被一位批评家评价为"惹人反感的残酷晦涩风格",破坏了整体的和谐。柯克西卡被称作"野蛮人",他的作品也被评价为"将灵魂掷在面前"。

克里姆特也许是凭直觉得知作品的冲击力即将取代对普遍性与美的追求,因而他在审查中曾为柯克西卡申辩。出于相同的原因,他十分看重席勒很早展现出的天资,还有他戏剧性和表现性的风格。

1909年,艺术展览场附属的戏剧园上演了柯克西卡的一部戏剧《谋杀者,女人的希望》(*Assassino, speranza delle donne*),剧中残酷的感情冲突与暴力破坏交织。为了突出这点,这位年轻的艺术家在构思这部戏剧的宣传画时运用了粗犷生硬的笔法分割色彩的层次,画中的女人像幽灵,而男人像沾血的恶鬼。

1908年维也纳艺术展览场的广告（邮票）
伯尔托德·洛弗勒
阿尔贝特·伯格印刷

    看到克里姆特的《吻》，人们都会不由自主地想到令人心醉神迷的融合。梦想之城正迅速转变为噩梦之城。

    一些意外之事也使得克里姆特新拜占庭式耀眼的画作变得暗淡。也许他意识到时代将要彻底改变，"本我"与世界的裂痕正在恶化，直至无法弥补；也许他模糊地感知到形式上的和谐并不能反映逐渐浮出水面的"真相"；又或许是风格的完善令他陷入创作僵局。除了一些描绘内心思想的风景画之外，这个时期他最后一幅心血之作便是1909年装饰风格浮夸的《茱蒂斯Ⅱ》，至此他的"黄金风格"便告一段落，之后进入持续了几年的创作危机阶段。

爱之环（约 1880）
弗朗索瓦·奥古斯特·罗丹
巴黎，罗丹博物馆

海神和海女（1895）
局部
马克斯·克林格尔
佛罗伦萨，罗马别墅

吻（1907—1908）
局部
维也纳，奥地利美景宫美术馆

华丽风格

"艺术展览场"在 1908 年与 1909 年的两次展览耗资巨大,尽管在公众面前大获成功,但它的经济运营是失败的。作为这次创举发起人与维也纳艺术生活推动者的克里姆特,他的艺术事业因此中断了。与此同时,身为画家,他的艺术创作也变少了,在那些少量的作品里也能看出他突然转变的装饰风格:在焦虑中寻求一种新的情感表达方式,黑色阴影好似聚拢在一起,而在表面上使用大块沉重鲜艳的色彩来抹除这种阴影。整体呈灰暗色调,将一切精简,几乎呈现出"表现主义"的风格。如 1909 年的《老妇》(Vecchia signora)和 1910 年的《母与子》(Madre con figli),画面中只有头部从沉重披风的灰暗缠结中浮现出来;又如朴素的肖像画——1910 年弱对比度的《黑色羽毛帽》(Il cappello nero)。尽管席勒和柯克西卡的作品让克里姆特受到了某种触动,但作品中并未作变形处理的人物脸部以及必要的提亮处理向我们展现了克里姆特仍与西方现实主义的伟大人文时代保持一致,他并没能跨越时代所要求的顶峰。

想理解他们之间的代沟,可将克里姆特的作品与奥斯卡·柯克西卡 1909 年至 1910 年的作品进行对比。柯克西卡残酷地将分离派风格瓦解为令人恐惧的画作。焦灼的悲怆和可怕的破坏已经搅扰了谜一般充满心理矛盾的时代。从那之后不久,席勒开始重新表现克里姆特的主题,比如 1911 年的《孕妇与死亡》(La donna gravida e la morte)以及《吻》的讽刺模仿画《红衣主教与修女》(Il cardinale e la monaca)。画面中克里姆特式的细致感性的线条变得棱角分明、尖锐锋利,在一种难以承受的表现性张力中,几何图案、结构以及现代拜占庭风格的节奏感更为突出。

1908 年,25 岁的理查德·盖斯特尔(Richard Gerstl)自杀,这位热烈急躁的画

恶妇(格特鲁德·席勒)(1910)
埃贡·席勒

黑色羽毛帽（1910）

孕妇与死亡（1911）
埃贡·席勒
布拉格，国家美术馆

家曾拒绝与克里姆特一起参加展览，他在众人之前就已猛烈地扰乱了"新风格"的和谐，并在作品中插入了暴力因素。维也纳温和的忧郁最终让位给痛苦的理性，至此开始了一连串的维也纳知识分子自杀事件，直至第二次世界大战结束。

克里姆特的艺术停滞期直到1912年才结束。那些年他有些抑郁，常去温泉理疗，偶尔会出去旅游：1909年去了巴黎和马德里；1910年在威尼斯参加了第九届双年展，他的作品《茱蒂斯Ⅱ》被现代艺术画廊买下；1911年他去罗马参加国际艺术展，在此之后现代艺术画廊购买了《女人的三个阶段》。

1912年，他收到了绘制《阿黛尔·布洛赫·鲍尔Ⅱ》这幅肖像画的委托。这个苍白美丽的女人也许就是他迷人的茱蒂斯的秘密原型，后来她又被刻画成了宝座上的拜占庭皇后。这次委托开启了他新的装饰阶段，即"华丽风格"阶段。危机时期过去之后，克里姆特不再跟自己较劲，并重新找回了他的美学标准和志趣。

在他的新作品中，铅笔不再在画纸上流畅连续地描画线条，而是勾勒出断断续续破碎的轮廓，让人物身体呈现出不同寻常的姿势，强烈突出了人物的脸部表情。色彩肆意渲染在画面中，柔和了生硬的"拜占庭式"艺术框架。在保留象征性装饰的条件下，有一种新方式能将以前的马赛克工艺转换成五彩毯子，它的图案不再局限于抽象几何形，而是以全新的富含生命力

红衣主教与修女（1912）
埃贡·席勒
维也纳，利奥波德博物馆

母与子（1910）
局部

的形式自发排布、聚拢在一起。那种基础而优雅的节奏感保持不变，调整着画面的每个板块，此刻他的风格才显得灵活多变。画作表面接近透明，笔触轻柔得犹如画布上的一阵微风。装饰变得更具生命形态，绚烂多变，还有螺旋不规则的卷曲。人物形象更加简洁，仿佛简单干脆地从融为一体的背景中裁剪下来。克里姆特对"日本风格"的热爱不断增长，他不再局限于用规格、裁剪或对图像奇特的调整来展现寓意，而是像曾经借鉴希腊陶器上的绘画那样，他在背景中使用雕刻和花瓶中的象征性图案，并重现了斯拉夫民俗中的鲜艳对比度。总有某种东西，它的神秘性或情欲性迫使克里姆特将目光转向东方。最开始是拜占庭，如今整个东方世界都对他的象征主义起到了培育作用，那是对一个免于纷争、历史悠久的世界的回忆。他与欧洲那些同代人越来越疏远，只吸收来自马蒂斯（Matisse）关于色彩的提议，他们志同道合，相信艺术自足，追求和谐，关注装饰工艺结构的借鉴并扎根于传统。

当维也纳的艺术风格越来越具有末日气息时，克里姆特又立起了他的画板以对抗现实。画中风景结构紧凑，没有空隙，仿佛是为了不给危险以可乘之机。尽管他的画呈现了一种凡·高式的情绪化画法（如1912年的《卡默城堡公园的林荫道》，*Viale nel parco dello Schloss Kammer*），在各层次的精密镶嵌工艺中也能看到年轻的席勒之后的影子（1912年的《护林人之家》，*La casa del guardaboschi*），但这些作品总能悄无声息地剖析人类的情绪，甚至是那些难以察觉的空间的震颤。

战争也没能扰动他追求和谐的心，只是在1916年《费德里克·玛利亚·比尔》（*Friederike Maria Beer*）肖像画中，背景里东方气息的战争场景和色彩的混乱影射了他的心境。那时富有紧张感的装饰重新出现，在《男爵夫人伊丽莎白·巴科霍芬·依希

女人头部（1917—1918）
奥地利林茨，兰多斯艺术博物馆

特》（La baronessa Elisabeth Bachofen-Echt）肖像画中，它们僵化地围绕在人物四周。而在 1916 年至 1917 年的《女朋友》（Le amiche）中，它们又变成了《一千零一夜》（Mille e una notte）里虚华的幻影。在这件作品中，克里姆特也重拾了女同性恋的主题。但这不是简单的寻求慰藉的逃避，或是自愿隐居在最后的象牙塔里，而是相信艺术并不能介入历史与受害者之间，希望应该战胜被破坏的哀怆。克里姆特不是被自身的优雅，而是被他幻想的紧张感束缚的囚犯，他寻求的不是理性，而是更加晦涩难懂的情感力量。

许多学者，如弗里茨·诺沃提尼（Fritz Novotny），发现在这种比原先死板僵硬的、装饰更加自由的"华丽风格"中，绘画价值与神秘之感实现了完美的平衡。

但有些作品，如《乔安娜·斯塔德》（Johanna Staude，1917—1918）肖像画就将装饰简化为大面积填色，人物脸部未进行美化，还有她瞪大的眼睛，显示了画家在表现强度上的更深层次的探索。

《费德里克·玛利亚·比尔》草图（1916）

《头朝左站着的芭蕾舞者》草图（约 1916）

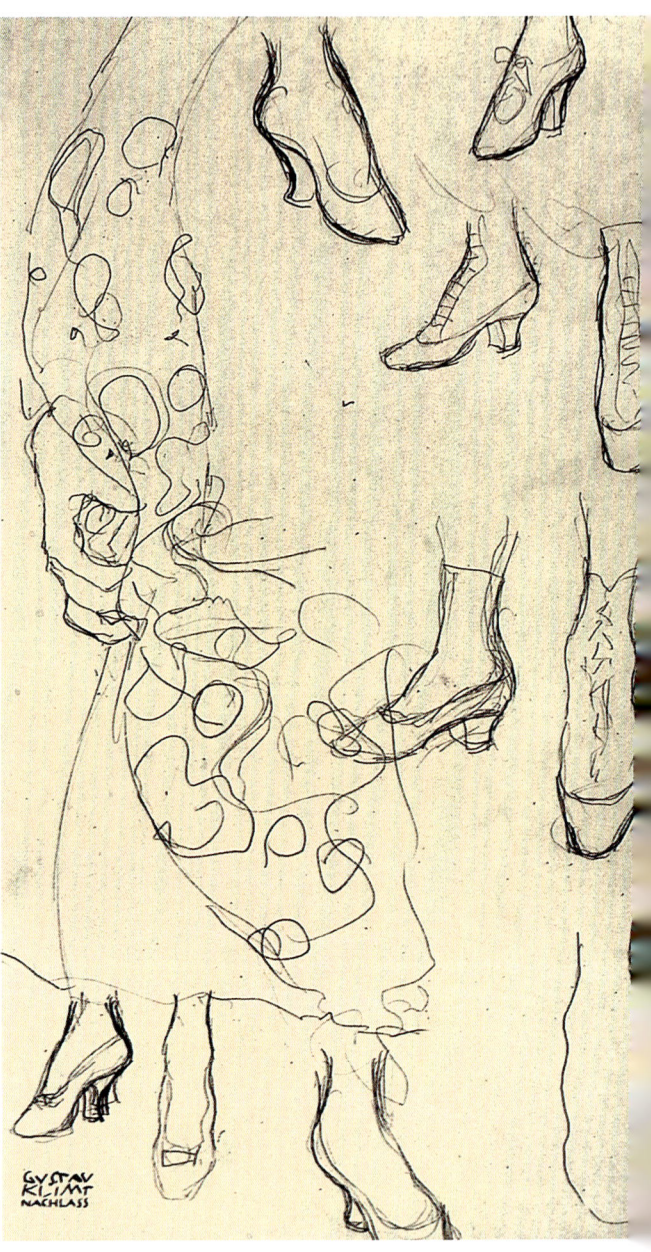

《男爵夫人伊丽莎白·巴科霍芬·依希特》草图（1916）

《玛丹·普利马威西》草图（约1912—1913）
维也纳，维也纳博物馆（位于卡尔广场）

男爵夫人伊丽莎白·巴科霍芬·依希特（1914—1916）

费德里克·玛利亚·比尔（1916）
纽约，现代艺术博物馆

▲亚当和夏娃（1917—1918）
未完成
维也纳，奥地利美景宫美术馆

◀芭蕾舞者（1916—1918）

女朋友（1916—1917）
局部
已损毁

玛丹·普利马威西（约 1912）
纽约，现代艺术博物馆

尤金妮亚·普利马威西（1913—1914）
丰田，丰田博物馆

阿玛丽·祖克坎德（1917—1918）

玛利亚·蒙克 III（1917—1918）
未完成
奥地利林茨，兰多斯艺术博物馆

乔安娜·斯塔德（1917—1918）
未完成
维也纳，奥地利美景宫美术馆

生命与死亡（1911—1916）
全图和局部
维也纳，利奥波德博物馆

在寓意上，情欲仍是中心主题。1912年至1913年的《处女》（*La vergine*）呈现着螺旋状的双向运动，旋向中心又逆向，开开合合，如同在"曼陀罗"里。女性梦幻宇宙中密集变幻的图像展示了期待的心理状态，月亮在宇宙的象征体系中，贝壳代表水，而女阴象征情色。运用传统色彩，克里姆特再一次表现了自慰的元素：少女躺在女性交织缠结的身体上，好似浮在空中，

而在其中一幅草图中，画家用掀开的衣物来展现性的主题，这使得该幅迷人的作品与1907年至1908年的《达娜厄》之间的相似性更加明显。正如克里姆特作品中的其他女人，或是厌女症哲学家魏宁格诅咒的女人，或是母权理论家巴库芬想象中的"母神"，《处女》反映的是性爱的本质。在圆形的茧里有一些来自未来的脸庞、享乐的怠惰和发亮的诱惑目光。男人被禁足于

摇篮（1917—1918）
未完成
华盛顿，国家美术馆

处女（1912—1913）
布拉格，国家美术馆

《处女》草图（2）（1913）
苏黎世联邦理工学院收藏

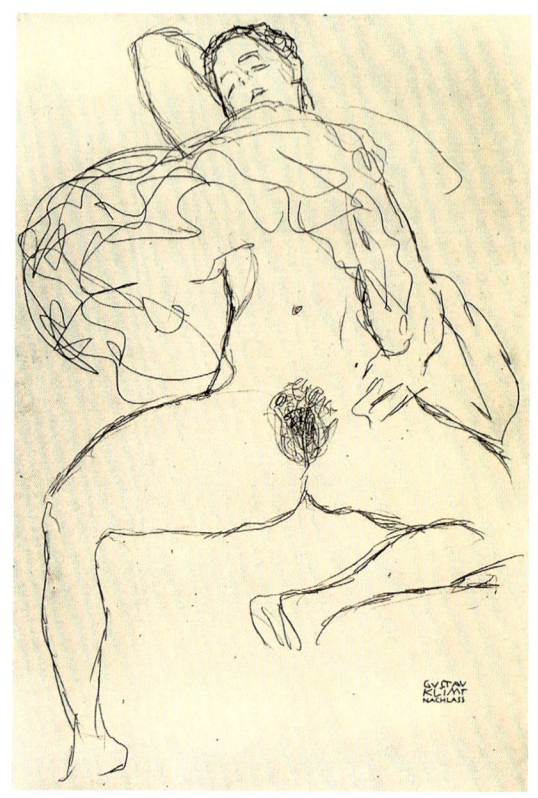

《新娘》草图（1917—1918）

《处女》草图（3）（1913）

新娘（1917—1918）
未完成
维也纳，奥地利美景宫美术馆

新娘（1917—1918）
局部

1918年拍摄的画家废弃工作室以及最后仍在筹备中的画：未完成的《新娘》和《执扇女人》。维也纳，奥地利国家图书馆图像档案室

执扇女人（1917—1918）
全图和局部
未完成

她的想象空间之外，就像在一个镜子长廊里，她只能看到无数自己的映像：不是"那个他"——她梦中的那个"神秘新郎"，而是在同伴眼中的她自己。

去世前不久，也就是1918年，克里姆特正在创作一幅主题为爱人的《亚当和夏娃》（*Adamo ed Eva*），位于近景的女性形象呈现出一种不同寻常而热烈的鲁本斯式肉感，被她神秘的微笑点亮。这幅作品并未完成，和《处女》相对应的《新娘》（*La sposa*）也是如此。

现在，少女终于从她梦幻的床榻起来，朝着她的新婚之夜走去。她眼睛闭着，头倚在肩上，仿佛在发呆。在肉体的缠结中，她身后是一个男人——那位红衣服的新郎，画面下方还有一个小孩的形象，也是她对未来母亲角色的幻想。

如同在同性幻想中的分离和迷失，画中的三个人物都属于神圣家庭，服饰的颜色也十分传统（男人砖红色，处女天蓝色）。尽管男性角色的出现可能暗指处女/新娘最终找到了自己幻想中的"那个他"，但右侧半裸而没有露出脸部的古怪人物看起来像在指引着梦游少女，如同赫尔墨斯引导着欧律狄刻走向地狱的出口，这也是在性爱启蒙之际，少女自己对裸露身体的展示。

从一幅草图中可以看出，克里姆特一开始似乎是想描绘一个双性人。极有可能他最初的目的是表现一位神话中的爱神（一个原始的统一体）显灵的场面。第二次，克里姆特的作品朝着更为玄奥的方向发展，他仍然想展现双性人的形象，但是这位女性对称张开的双腿展露了她的性别，一块印着男性生殖器装饰的透明纱布刚好覆在上面，她摆出一种"分娩"的献身姿势，和古代浮雕中戈尔贡的姿态相对应，还有一种未被发觉的参照物——母神的原型。新娘夜晚的欲望并不反映她身后的"那个他"的特征，"神秘新郎"只可能是新娘的幻觉的替身。更笼统地说，他是一种幻想的人格化体现。

那时的一张照片为我们展现了废弃工作室里的那幅画作。由于加强的虚化效果，画中优美的繁花似乎开始崩离瓦解。1918年1月11日，克里姆特正在创作这幅画时突然脑中风，于2月6日与世长辞，享年56岁。席勒为他绘制了遗像，并撰写了讣告："古斯塔夫·克里姆特/无与伦比的艺术家/完整/罕有的深刻之人/他的作品是圣殿。"席勒也得到了少数遗产，但同年他便死于西班牙流感，同样命运的还有分离派的重要人物瓦格纳和莫塞尔。维也纳文化将古典的严谨与狂欢的旋涡杂糅进"风格"里，但这种"风格"并没能支撑到帝国末期。

索引

克里姆特作品索引

A

《阿黛尔·布洛赫·鲍尔 I》130，131
《阿黛尔·布洛赫·鲍尔 I》草图 137，140
《阿黛尔·布洛赫·鲍尔 II》153
《阿玛丽·祖克坎德》230
《阿特湖边下温特阿赫的教堂》164
《阿特湖古堡 I》161
《阿特湖古堡 II》166，167
《阿特湖古堡 III》162
《阿特湖森林的小坡》163
《阿特湖中的岛》175
《爱》24，86
《艾米丽·芙洛格》124—127，156

B

《芭蕾舞者》226
《白桦林》168—169
《半裸的仰卧女人》(右视图)144
《悲剧》31

C

《执扇女人》240，241
《处女》235
《处女》草图(1)145
《处女》草图(2)236
《处女》草图(3)236
《穿金衣的女人肖像》(与弟弟恩斯特及弗朗茨·马奇共同完成)21

D

《达娜厄》119
《达娜厄》草图 117
《戴帽子和羽毛围巾的夫人》120，135
《敌对势力》(《贝多芬横饰带》第二面墙)188
《雕塑寓言》27
《雕塑寓言》草图 27
《对幸福的渴求在上空盘旋》草图(《贝多芬横饰带》局部)182

F

《法学》41
《费德里克·玛利亚·比尔》225
《费德里克·玛利亚·比尔》草图 221
《分离派会馆》草图(1)54
《分离派会馆》草图(2)54
《芙丽莎·雷德夫人》128—129
《芙丽莎·雷德夫人》草图 138

G

《钢琴家约瑟夫·彭鲍尔肖像》25
《公园》177
《古代希腊 II》22—23
《管风琴演奏家》5

H

《海吉雅女神》38
《赫曼·加莉亚》123
《黑色羽毛帽》216
《护林人之家》165
《欢乐颂》(《贝多芬横饰带》第三面墙局部)11，194，195
环球剧场《罗密欧与朱丽叶》演出(与恩斯特及弗朗茨·马奇共同完成)20

J

《嫉妒》68
《姐妹》133
《街头喜剧艺人在罗滕堡广场的演出》(与恩斯特共同完成)7
《金鱼(又名《水妖》)》112，113
《酒神狄俄尼索斯祭坛》18
《旧维也纳城堡剧院内景》9
《巨人提丰和淫荡神》(《贝多芬横饰带》第二面墙局部)190—191

K

《卡默城堡公园的林荫道》165
《渴望幸福》(《贝多芬横饰带》第一面墙)184—185

L

《莉达》118

《两个女孩与夹竹桃》24

《两个仰卧的裸女》143

《流动的水》110—111

M

《玛丹·普利马威西》228

《玛丹·普利马威西》草图 223

《玛格丽特·史东波罗·维特根斯坦》123

《玛格丽特·史东波罗·维特根斯坦》草图 138

《玛利亚·蒙克 III》230

《玫瑰园》202

《牧歌》15

N

《男爵夫人伊丽莎白·巴科霍芬·依希特》224

《男爵夫人伊丽莎白·巴科霍芬·依希特》草图 222

《女孩头像》32

《女朋友》114，227

《女朋友》144

《女人的三个阶段》105—107

《女人头部》220

《女人肖像》33

P

《帕拉德·雅典娜》74，76，78

Q

《期望》201

《乔安娜·斯塔德》231

《蜷曲身体的女人》146

R

《弱小人类的苦难》(《贝多芬横饰带》第一面墙局部）183

S

《三个女性头像》草图（《贝多芬横饰带》局部）182

《瑟琳娜·莱德勒》32

《山毛榉树林 I》174

《生命与死亡》232，233

《生命之树》202，203

《诗歌能安抚对幸福的渴求》(《贝多芬横饰带》第三面墙）192—193

《十字架与花园》170

《树间的玫瑰》172

《水蛇 I》114，115

《水蛇 II》114，116

《水蛇 II》草图和《女朋友 II》草图（1）145

《水蛇 II》草图和《女朋友 II》草图（2）147

《索尼娅·奈普斯》122

T

《塔纳格拉少女》(《古希腊 II 和古代埃及》柱间局部）22

《泰斯庇斯旅行车》（与恩斯特共同完成）20

《弹钢琴的舒伯特 I》草图 5

《弹钢琴的舒伯特 II》2—4

《弹钢琴的舒伯特 II》草图 5

《陶尔米纳剧场壮观的大楼梯和顶棚上的湿壁画》18

《头朝左站着的芭蕾舞者》草图 221

《忒修斯和米诺陶诺斯》(审查版，原版）75

W

为《女舞者》所做的草图《期望》199

为《神圣之春》创作的设计图 47

《维也纳分离派第七次展览的藏书票》48

《维也纳分离派第十八次展览海报》52

《吻》205，213

X

《希望 I》102，103

《希望 II》103

《小夜曲》65

《向日葵》174

《向日葵园》173

《向左侧卧的裸女》147

《新娘》237，238

《新娘》草图 236

Y

《亚当和夏娃》226

《演员约瑟夫·莱温斯基肖像》87

《摇篮》234

《罂粟园》176

《医学》草图 26，39，40

《医学》草图（2）37

《医学》中海吉雅女神与情侣的草图 38

《银鱼（又名《水妖》)》112

《音乐》30

《音乐寓言 I》29

《音乐寓言 II》30

《拥抱》204

《尤金妮亚·普利马威西》229

《寓言》17

Z

《张开双腿坐着的女人》145

《哲学》37

《哲学》草图 26

《真相》68，80，81

《茱蒂斯 I》85，96，97

《茱蒂斯 II》(莎乐美）98，99

其他人名及作品索引

A

阿道夫·斯托克雷特 196

阿道夫·路斯 2，210

阿尔贝·萨曼 93

阿尔贝特·伯格 211

　　《1908 年维也纳艺术展览场的广告》(邮票）211

阿尔丰斯·穆夏 61

阿尔弗雷德·库宾 8，106

阿尔弗雷德·罗勒 46，50，52，56，61，65

　　《维也纳分离派第四次展览海报》50

　　《维也纳分离派第十四次展览海报》56

　　《维也纳分离派第十六次展览海报》52

阿尔加侬·查尔斯·史文朋 117

阿尔玛·马勒 151，152

阿尔诺·霍尔兹 67

阿里斯蒂德·马约尔 109

阿诺德·勃克林 61，108，109

　　《水神嬉戏》108

阿诺尔德·勋伯格 2

阿瑟·罗斯勒 142

阿瑟·西蒙斯 93

阿图尔·叔本华 36

阿图尔·施尼茨勒 1，2，8，149，151

　　《诱惑喜剧》(剧本）149

爱德华·考雷·伯恩·琼斯 109

爱德华·蒙克 61，94，95，106，154，209

爱德华·维亚德 62

埃尔·格列柯（本命多米尼克·提托克波洛）62

埃贡·席勒 79，80，101，102，142，144，157，209，210，215，217，218，220，242

　　《恶妇》215

　　《黑发裸体少女》142

　　《红衣主教与修女》218

　　《裸体自画像》101

　　《女朋友》144

《身着工作服的古斯塔夫·克里姆特》157

《孕妇与死亡》217

埃里克·莱德勒 180

爱丽丝·施特罗布尔 137，200

埃利希·诺伊曼 104

埃米尔·玛利亚·里尔克 67，109

埃米勒·维尔哈伦 67

安东尼奥·柯雷乔 149

奥博利·比亚兹莱 89，92—94，104，184

《高潮》89

《孔雀披风》93

《舞女的奖励》89

奥古斯特·莱德勒 36

奥斯卡·柯克西卡 8，101，209，210，215

《谋杀者，女人的希望》（戏剧）210

奥斯卡·王尔德 80，89，91—93

《道林·格雷的画像》（著作）80

奥托·瓦格纳（建筑师）43，44，46，48，49，53，185，207，242

《多瑙河道——伯恩大桥、斐迪南大桥》46

《带有分离派装饰元素的一幢维也纳建筑》49

《维也纳卡尔广场地铁站》53

《维也纳卡尔广场地铁站透视图》53

奥托·魏宁格 8，10，117，232

《性别与性格》（著作）8

B

巴勃罗·毕加索 95

巴库芬 232

保罗·高更 62

贝利尼·雅各布 21

彼得·艾顿伯格 172

彼得·保罗·鲁本斯 242

伯尔托德·洛弗勒 73，211

《蝙蝠餐厅宣传画》73

《1908 年维也纳艺术展览场的广告》（邮票）211

布洛赫·鲍尔家族 134，152

C

查尔斯·伦尼·麦金托什 69，71

《接待与音乐厅》71

D

多纳泰罗（本名多纳托·德·巴尔迪）21

迪埃戈·德·西尔瓦·委拉斯凯兹 134

E

恩斯特·克里姆特 7，13，14，16，20，21，25，155，158

恩斯特·马赫 2

F

费尔南·布罗代尔 210

费迪南德·劳夫贝尔格 13，14

费迪南德·霍德勒 61，184

费尔南德·赫诺普夫 21，59，61，67，79，154，168，170

《长发女孩肖像画》59

《静水》170

《女人头像》79

《祭献》草图 59

费里希恩·洛普斯 93

《恶魔私处的美德》93

弗兰茨·约瑟夫（奥地利皇帝）1，8，48，49，61，121

弗兰兹·卡夫卡 8，39

弗朗茨·冯·斯托克 43，44，61，75，76，88，91，94

《慕尼黑分离派第一次国际艺术展海报》44

《莎乐美》88

《莎乐美之舞》94

《罪》44

弗朗茨·马奇 13，14，16，20，21，27

弗朗茨·韦尔弗 1

弗朗茨·维克霍夫 35，36

弗朗索瓦·奥古斯特·罗丹 61，108，117，142，145，154，212

《爱之环》212

《手置于私处的躺卧女人与鸟》145

《伸展身体的裸女》108

弗朗西斯科·何塞·德·戈雅-卢西恩特斯 62
弗朗兹·莱哈尔 8
弗里茨·诺沃提尼 137, 221
弗里茨·瓦恩多夫 102, 151
弗里德里希·威廉·尼采 28, 36, 40, 60, 185
弗里德里希·约德尔 35

G

格里戈里·亚历山德罗维奇·波托金 44
葛饰北斋 60, 143, 184
 《海女与章鱼》143
 《武藏国书页插页》60
戈特弗里德·森佩尔（建筑师）13, 21
古斯塔夫·马勒（音乐家、作曲家）2, 43, 62, 152, 184, 185
古斯塔夫·莫罗 88, 89, 91—94, 154
 《花园里的莎乐美》92
 《捧着俄耳甫斯头颅的少女》92
 《显灵》93
 《在希律王面前跳舞的莎乐美》88
古斯塔夫·维斯 45
 《环城大道区域的南侧鸟瞰图》45

H

汉斯·蒂泽 152
汉斯·克里斯琴森（插画家）109
汉斯·马卡特 13, 15, 21, 83
 《威尼斯人向卡特琳娜·科尔纳罗进贡》15
汉斯·普菲茨纳 149
海因里希·海涅 91
 《阿塔·特罗尔》（著作）91
赫尔曼·巴尔 1, 35, 43, 60, 67, 79
赫尔曼·布洛赫 1
亨利·马蒂斯 220
胡戈·冯·霍夫曼斯塔尔（诗人）2, 26, 40, 60, 67, 210
 《安提戈涅》（诗词）60

J

吉恩-帕蒂斯特-卡米尔·科罗特 62
居斯塔夫·福楼拜 91
 《希罗迪娅》（著作）91

K

卡尔·冯·哈森内尔（建筑师）13, 21
卡尔·古斯塔夫·荣格 104
卡尔·克劳斯 2, 8, 35, 210
卡尔·卢埃格尔（政治家）16, 46
卡尔·莫尔 46, 52, 56, 149, 152
 《书房内的自画像》52
卡尔·瑞纳 151
卡尔·瑞因格豪斯 180
卡尔·斯特拉斯曼 91, 171
卡尔·休斯克（学者）39, 63
克劳德·德彪西（作曲家）109
克劳德·洛兰 92, 117
科罗曼·莫塞尔 51, 56, 62, 67, 70, 102, 155, 242
 《维也纳分离派第五次展览海报》51
 《维也纳分离派第十三次展览海报》51
 《天使》（正面视图）67
 《印在包装纸和信函抬头纸上的维也纳工坊的标识》70
库诺·阿密特 106

L

拉克&申克出版社（维也纳）27
劳伦斯·阿尔玛·塔德玛 13, 16
 《在浴室中》16
雷米吉乌斯·盖苓 150, 151
 克里姆特将《哲学》的草图绘到画布上 150
利奥波德·冯·萨克－莫索克 91
理查德·盖斯特尔 215
理查德·施特劳斯（作曲家）89, 93, 94, 151
 《莎乐美》（谱曲）94
利克斯·瓦洛顿 62
利维·杜默 94

鲁道夫·巴赫 48
《弗兰茨·约瑟夫皇帝参加第一次分离派展览》49
路德维希·海维斯（批评家）75，84，96，101，102
路德维希·乌兰特（诗人）65
卢卡·德拉·罗比亚 21
卢西亚诺 142
《名妓谈》（著作）142
罗伯特·穆齐尔 1，2
《没有个性的人》（著作）1
罗纳德·劳德 134

M

玛丽亚·奥特曼 153
玛丽亚·特蕾莎剧院（阿斯布尔格）13
马克斯·克林格尔 56，61，79，80，93，94，179，181，212
《蛇》79
《新莎乐美》94
《贝多芬纪念像》181
《海神和海女》212
马克斯·林哈得 149
马克斯·库兹威尔 52
《维也纳分离派第十七次展览海报》52
马塞尔·施沃布 93
《蒙娜拉之书》（著作）93
麦克斯·布尔克哈德 43
梅洛佐·达·福尔利 21
莫里斯·丹尼斯 62
莫里斯·梅特林克 67

N

纳德尔 95
《演员莎拉·伯恩哈特》（照片）95

O

欧根·德拉克洛瓦 62
欧仁·格拉塞 61

P

皮埃尔·波纳德 62
皮埃尔·路易斯 117

Q

乔里-卡尔·惠斯曼 89，91
《逆流》（小说）91
乔瓦尼·波蒂尼 121
乔瓦尼·塞根蒂尼 61，104
《邪恶之源》（又名《虚荣》）104
乔治·德·菲尔 94
乔治·迈恩 61，184
乔治·修拉 62，166，173
《大碗岛的星期天下午》173
《翁弗勒的灯塔》166

R

让·莱昂·热罗姆 13
让·路易·谢菲尔 68，79
让·西奥多·图洛普 28，30，60，61，77
《厄运》77
《渴望与满足》30
《做梦者》60

S

莎拉·伯恩哈特 92，95
桑德罗·波提切利 21
瑟琳娜·莱德勒 32，155
斯蒂芬·乔治（诗人）109
斯蒂芬·茨威格（作家）1，151
斯特芳·马拉美 93
《神圣之春》（维也纳杂志）30，35，38，40，46，47，65—68，79，138，210
所罗门·格林伯格 152

T

图卢兹·劳特累克 62

W

瓦西里·康丁斯基 75

沃尔特·克莱恩 61

威廉·鲍威尔 117

威廉·莫里斯 67，69，70，71

《圣詹姆斯街 126 号墙纸单色原始设计图》71

《用于装饰德文郡的曼布兰德大厅的瓷砖版画》70

维也纳艺术工坊 65，67，69—72，121，155，159，196，199，208—210

文森特·凡·高 61，62，220

沃尔夫德尔 6

《爱丽舍宫的舞厅》6

X

西奥·凡·瑞塞伯格 165，171

《河口的帆船》165

西奥多·比尔罗特（医生）16

西奥多·瓦特斯拉 93

喜多川哥麿 63，139，184

《穿白色外衣的美人》139

《夫妇夜惊遇暴雨》63

西格蒙德·弗洛伊德 2，8，40，80

夏尔·波德莱尔 117，142

新艺术风格 21，28，62

Y

雅各布·布克哈特 210

亚历山大·吉拉尔迪（演员）16

叶卡捷琳娜二世 44

伊丽莎白皇后（即茜茜公主）13，63

伊曼纽尔·维格兰 62

伊莎多拉·邓肯 62，179

尤金·卡里尔 61

尤里乌斯·维克多·贝尔格 13

约翰·康斯特布尔 62

约翰·维克多·克莱默 47

为《神圣之春》创作的水彩画 47

约翰内斯·勃拉姆斯 16

约翰内斯·杜拜 102，137

约瑟夫·恩格尔哈特 43

约瑟夫·冯·蒂维奇 72

《蝙蝠餐厅宣传画》72

约瑟夫·霍夫曼 44，46，61，66，67，69—73，155，179，180，196，207—210

《俄式银制象牙茶饮》71

《摩拉维亚乡村的房子》66

位于布鲁塞尔的斯托克雷特宫餐厅 196

《维也纳工坊宣传画》69

《维也纳艺术工坊大楼的建筑设计图》208

《银制半宝石带盖圣餐杯》72

《银制小篓》72

《印在包装纸和信函抬头纸上的维也纳工坊的标识》70

约瑟夫·罗特 8

约瑟夫·玛利亚·奥布里希 28，44，46—48，55，60，61

《分离派第二次展览宣传设计图》47

分离派会馆正立面 55

约瑟夫·佩拉丹 93

Z

詹姆斯·阿博特·麦克尼尔·惠斯勒 121，132

《白色的和谐》121

真蒂莱·达·法布里亚诺 83，84

《东方三圣来朝》84

朱勒·拉弗格（诗人）92

Referenze fotografiche

Tutte le immagini appartengono all'Archivio Giunti, Firenze, tranne:

Archivi Alinari, Firenze: pp. 123b, 155b, 156.

The Bridgeman art Library / Archivi Alinari, Firenze: pp. 24s, 62, 92, 164a, 165.

Corbis: pp. 06, 6, 7, 17b, 64bs, 70b.

© Erich Lessing / Contrasto, Milano: pp. 04, 2-4, 10, 11, 15b, 17a, 18a-b, 19, 20a-b, 22d-23, 24d, 33, 44, 42, 49b, 53a, 55a-b, 57-58, 71sb, 72a, 74, 75s-d, 76, 77, 78, 80-81, 86, 90, 98-99, 100, 105, 107, 114s, 114b, 114d-115, 116, 117, 118, 122, 126d-127, 128b-129, 130-131, 135, 148, 153, 170a, 176, 178, 181, 184-191, 194-195, 197-198, 199-206, 208a, 213, 214, 225, 227, 231, 232-233, 235, 237-238.

© 2006 Foto Austrian Archive / Scala, Firenze: pp. 110-111, 112s, 112d-113, 149d, 157ad, 160, 163, 164, 168-169, 192-193.

DIGITAL IMAGE © 2006 The Museum of Modern Art, N.Y. / Foto Scala, Firenze:

P. 109d [Gustav Klimt (1862-1918), La speranza II (1907-1908), New York, Museum of Modern Art (MoMA). Olio, oro e platino su tela,

43 1/2 x 43 1/2" (110.5 x 110.5 cm). Mr. and Mrs. Ronald S. Lauder and Helen Acheson Funds, and Serge Sabarsky, 468. 1978];

P. 183 [Gustav Klimt (1862-1918), Il parco (1910 o precedente), New York, Museum of Modern Art (MoMA). Olio su tela,

43 1/2 x 43 1/2" (110.4 x 110.44 cm). Gertrud A. Mellon Fund. Acc. n. 10. 1957].

(s=sinistra; d=destra; a=alto; b=basso)

Le opera conservate in Gallerie e Musei dello Stato sono riprodotte su concessione del Ministero per i Beni e le Attività Culturali.

L'editore si dichiara disponibile a regolare eventuali spettanze
Per quelle immagini di cui non sia stato possibile reperire la fonte.
Nelle didascalie, quando non altrimenti indicato, l'opera fa parte di collezione privata.

图书在版编目（CIP）数据

克里姆特/（意）伊娃·斯特凡诺著；罗伊伊译. —合肥：安徽美术出版社，2019.7

（艺术家系列）

ISBN 978-7-5398-8840-8

Ⅰ.①克… Ⅱ.①伊… ②罗… Ⅲ.①克里姆特（Klimt，Gustav 1862-1918）—传记 Ⅳ.① K835.215.72

中国版本图书馆 CIP 数据核字（2019）第 031549 号

艺术家系列
克里姆特　（意）伊娃·斯特凡诺 著　罗伊伊 译
YISHUJIA XILIE KELIMUTE

出 版 人：唐元明
责任编辑：黄　奇　赵启芳　陈　震
特约编辑：时音菠
责任校对：司开江
责任印制：缪振光
出版发行：时代出版传媒股份有限公司
　　　　　安徽美术出版社（http://www.ahmscbs.com）
社　　址：合肥市政务文化新区翡翠路 1118 号出版传媒广场 14 层
邮　　编：230071
营 销 部：0551-63533604（省内）　0551-63533607（省外）
经　　销：全国新华书店
印　　刷：北京天恒嘉业印刷有限公司
版　　次：2019 年 7 月第 1 版
　　　　　2019 年 7 月第 1 次印刷
开　　本：787 mm×1092 mm　1/16
印　　张：16.25
书　　号：ISBN 978-7-5398-8840-8
定　　价：100.00 元

如发现印装质量问题，请与我社营销部联系调换。
版权所有·侵权必究
本社法律顾问：安徽承义律师事务所 孙卫东律师

For the original edition
Original title: "KLIMT. L'oro della seduzione" by Eva Di Stefano
Copyright: © 2006 by Giunti Editore S.p.A., Firenze-Milano
www.giunti.it
The simplified Chinese edition is published in arrangement through Niu Niu Culture.

Chinese language copyright © 2019 by Phoenix-Power Cultural Development Co., Ltd.
All rights reserved.

著作权合同登记号　图字：12181851 号